地獄の解剖図鑑

著／大角 修
Ookado Osamu
編集・構成／地人館
Chijinkan
イラスト／ほしのちなみ

OPENING

冥界《めいかい》のキャラクター図鑑

地獄の十王・獄卒・獣や鳥など、あの世に住む者たち

「冥界」とは、私たちが行くといわれる死後の世界。つまり、あの世のこと。そこには、冥界の王たる閻魔大王をはじめ、亡者を痛めつける獄卒《ごくそつ》や亡者を食らう獣たちが待ち受けている。そんな亡者を震え上がらせる冥界のキャラクターを紹介。

閻《えん》魔《ま》大《だい》王《おう》

亡者を裁く地獄の盟主

相手を威嚇するかのように巨大な目とまゆ毛をつりあげ、怒鳴りつけるかのごとく割れんばかりに口を開く。「泣く子も黙る」といわれる閻魔大王。その正体は？

司命《しめい》
亡者の罪を読み上げる閻魔の従者。
礼冠《らいかん》
司録《しろく》
亡者の罪状を記録する閻魔の従者。
王

閻魔大王は亡者を王宮に呼びつけ、彼らの生前の行いについて記された閻魔帳を見たり、倶生神（ぐしょうしん）の報告を受けるなどして取り調べを行い、亡者の罪を裁く。

笏《しゃく》
官吏の持ち物に由来する。

閻魔大王のルーツは、古代インドの神話で死の国を支配する「ヤマ」という神である。そのヤマが仏教とともに中国に伝わると、「閻魔」という漢字があてられ、中国古来の道教と結びついた。

そして、生前に犯した罪の重さをはかり、死者を裁く冥界の王となった。その姿は「王」と書かれた礼冠《らいかん》（注）を被り、役人が身につける衣装を着て、真っ赤な顔に恐ろしい風貌をした姿で表された。そして、初七日から三回忌まで冥界で死者を裁く十人の王のリーダーとなった。

(注)礼冠：中国の皇太子や諸臣が礼服に用いた冠。

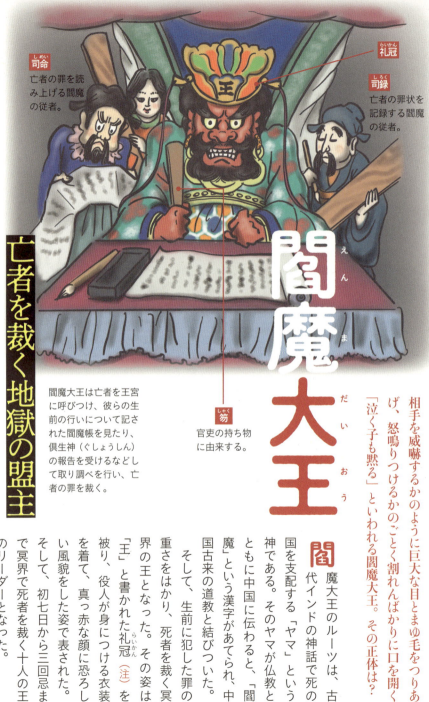

閻魔大王のアイテム

浄《じょう》玻《は》璃《り》の鏡

閻魔王庁にあって、死者の生前に犯した罪（悪業）を映し出す鏡。ゆえに死者たちは、獄卒らによって鏡の前に立たされ、その罪が暴かれ、閻魔大王の裁きを受ける。

人《じん》頭《とう》杖《じょう》

閻魔王庁の中によく描かれているもので、生首のような杖は閻魔大王が亡者の善悪を判断する際に使われる道具だ。一説には怖い顔の男は亡者の悪事を見ぬき、優しい顔の女人は亡者の善心を見極めるという。

業《ごう》の秤《はかり》

古代インドのサンスクリット語で、業は「カルマ」と呼ばれ、人が行ってきた善悪の行為をさしている。つまり、閻魔大王の前に置かれた秤で、生前の悪業（罪）の重さをはかるという。

冥界《めいかい》の十王《じゅうおう》

死してあの世の旅に出た者は、初七日から三回忌までの間に、閻魔大王を含めた十人の王の裁きを受けることになる。その結果、地獄に行くか否か、転生先が決まる。

ご先祖など故人を偲び行われる忌《き》日法要《じつほうよう》。日本では初七日に始まり四十九日、百回忌、一周忌、三回忌などがよく知られているが、じつは四十九日までは、本来一週間に一回、七日ごとに法要があり、合計すると十回の法要が営まれることとなる。

その忌日法要と結びつき、中国で成立したのが十王信仰《じゅうおうしんこう》だ（仏教の母国インドでは死後四十九日まで法要を行う）。そして、死出の旅に出た者は、十回の忌日にそれぞれ割り当てられた王のもとで審判を受ける。

『地蔵菩薩発心因縁十王経《じぞうぼさつほっしんいんねんじゅうおうきょう》』（注）によると、各忌日で死者を裁く王の名前が次のように記されている。

初七日《しょなのか》（7日目）：秦広王《しんこうおう》
二七日《にしちにち》（14日目）：初江王《しょこうおう》
三七日《さんしちにち》（21日目）：宋帝王《そうていおう》
四七日《ししちにち》（28日目）：五官王《ごかんおう》
五七日《ごしちにち》（35日目）：閻魔王《えんまおう》
六七日《ろくしちにち》（42日目）：変成王《へんじょうおう》
七七日《しちしちにち》（49日目）：泰山王《たいざんおう》
百回忌（100日目）：平等王《びょうどうおう》
一周忌（1年目）：都市王《としおう》
三回忌（3年目）：五道転輪王《ごどうてんりんおう》

仏教では輪廻転生《りんねてんしょう》（p58）といって、すべての生き物は死して生まれ変わり、転生《てんせい》し続けるという。その生まれ変わる先が地獄なのか否かこのとき決まる。

7日目

没

【1回目の審判】
秦広王《しんこうおう》の裁き

秦広王の庁舎に行くには、死出の山（p62）を登らなければならない。そこには杖なしでは登れない急坂があり、草鞋（わらじ）なしでは歩けない悪路が続く。それゆえ、葬送のときに三尺の杖と草鞋が棺に入れられる。亡者が秦広王のもとに着くと、生前に殺生をしたか否かを獄卒に尋問される。

（注）『地蔵菩薩発心因縁十王経』：略して『地蔵十王経』といい、中国の地蔵信仰と道教の冥府の十王信仰を受けて平安時代に作られたもの。三途の川や奪衣婆など日本独自の伝説と風習を反映している。

14日目

【2回目の審判】

初江王《しょこうおう》の裁き

初江王の庁舎に行くには、三途の川を渡らなければならない。そのとき、奪衣婆（だつえば）が衣服を脱がせ、懸衣翁（けんねおう）がその衣服を樹の枝にかける。奪衣婆は窃盗の罪を、懸衣翁は不倫の罪をとがめ、亡者に罪が見つかれば王に報告する。その後、罪状にしたがい責め苦が始まり、恐怖を味わうことになる。

21日目

【3回目の審判】

宋帝王《そうていおう》の裁き

死から21日目に宋帝王のもとに到着する。庁舎の前には、悪猫や大蛇がたむろし、亡者が生前に犯した淫邪（いんじゃ）の罪を審査する。もしも淫邪の罪が見つかると、宋帝王から呵責を受ける。しかし、獄卒は「こんな呵責は軽いほうだ。次の王はこんなものではない」といい放ち、亡者は震え上がる。

28日目

【4回目の審判】

五官王《ごかんおう》の裁き

五官王の庁舎の左右には、秤量舎（ひょうりょうしゃ）と勘録舎（かんろくしゃ）がある。秤量舎の高台には秤量旗が立ち、身体活動と言語活動が生む七つの罪（殺生・窃盗・邪淫・妄語・綺語〈きご〉・両舌・悪口）の軽重が計測される。その結果が勘録舎に伝えられると、帳簿に記され、冥府の役人によって次の閻魔宮にもたらされる。

35日目

【5回目の審判】

閻魔王《えんまおう》の裁き

閻魔王の宮殿は鉄製の城壁に囲まれ、その中の光明王院（こうみょうおういん）には浄玻璃の鏡があり、生前に犯した亡者の罪を写し出す。閻魔王は鏡に映った所業と、勘録舎から送られてきた帳簿を引き比べ、審判をくだす。閻魔王は別格であるゆえ、その審判は亡者の扱いに決定的な影響をおよぼす。

42日目

【6回目の審判】

変成王《へんじょうおう》の裁き

死出の旅に出発してから42日目、亡者は変成王の庁舎に到着する。変成王は、閻魔王がくだした審判にもとづき対処を行う。もし福があれば善業（ぜんごう）をすすめ、罪あらば刑罰を与える。ただし、多くの場合、虎に食われたり、火を噴く悍馬（かんば）に追いかけ回されるなど、きびしい呵責が亡者をさいなむ。

49日目

【7回目の審判】

泰山王《たいざんおう》の裁き

泰山王の庁舎に到着すると、それまでの五官王・変成王・閻魔王の審判にもとづき、二枚舌の罪の判決を下す。そして、生前の善業と悪業（あくごう）を比較検討し、亡者の転生先が検討される。しかし、亡者に対する責め苦は続き、獄卒からひどい仕打ちを受けるなどの恐怖が続く。

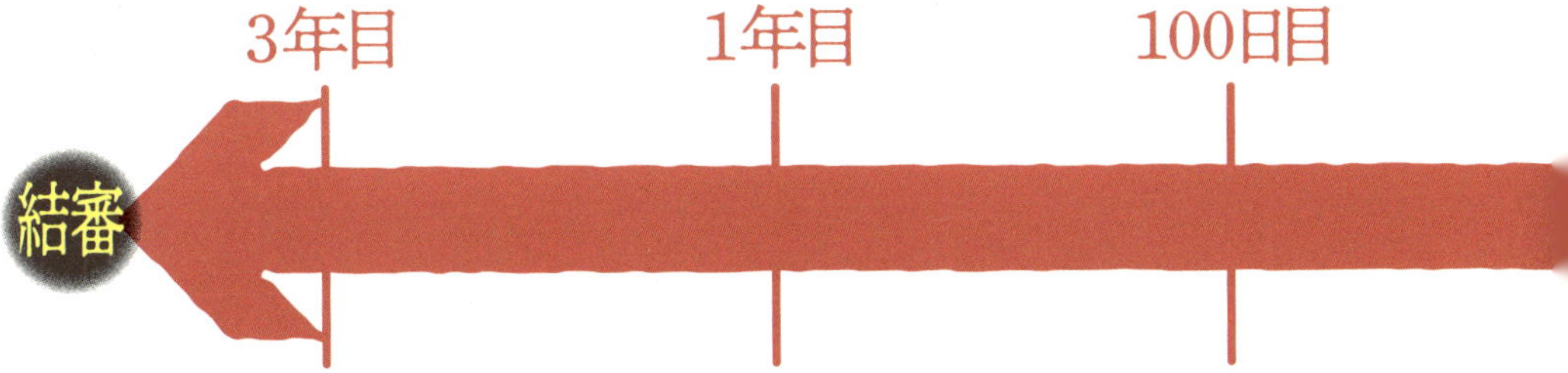
3年目
1年目
100日目
結審

【10回目の審判】

五道転輪王《ごどうてんりんおう》の裁き

死から3年がたって、亡者はようやく五道転輪王より最後の審判を受ける。たとえば邪見放逸（じゃけんほういつ、我が儘で無慈悲なこと）の罪、愚痴無智（ぐちむち、愚かなこと）の罪を犯した者には、車輪が回り続けるように地獄・餓鬼・畜生という三悪道の世界を永遠にさまよわなければならないと宣告される。

【9回目の審判】

都市王《としおう》の裁き

1年間、責め苦に耐えて、善業を積んだとしても六道輪廻（ろくどうりんね）から逃れることはできない。そのとき都市王は、救いの道は二つあると説く。一つは『法華経』（ほけきょう）を崇（あが）めること。もう一つは苦しみから解き放つという阿弥陀如来（あみだにょらい）を崇めることだ。ただし、救いの道を説かれても呵責は続く。

【8回目の審判】

平等王《びょうどうおう》の裁き

見た目は恐ろしい平等王であるが、内面は慈悲の心にあふれ、布施（ふせ）を行った者には仏教の本質を教え、刑罰を受けながらも功徳を積んだ者は、天界も望めるという。一方、貪欲に終始した者には刑罰を与える。その刑罰は重く、鞭でひどく打たれたり、臼で押しつぶされたりするという。

亡者《もうじゃ》と獄卒《ごくそつ》

きわめて恐ろしい場所を「地獄の一丁目」などと呼ぶが、古来より日本のお寺に伝わる地獄絵には、亡者を徹底的に痛めつける獄卒たちの恐ろしい姿が描かれている。

服で罪の重さを量る二匹の鬼たち

三途の川のほとりに奪衣婆（だつえば）と懸枝翁（けんねおう）という鬼がいる。奪衣婆は亡者から服をはぎ取り、懸枝翁はその服を衣領樹（えりょうじゅ）にかけるが、罪が重い者ほど高い枝に掛かったり枝が大きく垂れ下がる。

地獄のことを詳しく述べた『往生要集《おうじょうようしゅう》』（p24）によると、地獄には「等活《とうかつ》地獄・衆合《しゅごう》地獄・黒縄《こくじょう》地獄・叫《きょう》喚《かん》地獄・大叫喚地獄・焦熱《しょうねつ》地獄・大焦熱地獄・阿鼻《あび》地獄」という八つの大地獄（八大地獄）があるという。そして、生前に重い罪を犯した者は、死後に地獄行きが命じられる。ただし、どの地獄へ行くかは、生前の罪の重さによって変わってくる。それぞれの地獄では、獄卒が亡者（注）を待ち受け、身体を切り刻んだり、火であぶったり、岩で押しつぶしたりするなど身の毛もよだつ責め苦を実行する。

(注)亡者：亡くなって冥界をさまよう者。

まるでまな板の上の魚のように全身を包丁で切り刻まれる

等活地獄は、生前に殺生（せっしょう）の罪を犯した者がおちる地獄とされている。そこではさまざまな責め苦にあうが、その一つにまな板のような台に乗せられた亡者が、巨大な包丁を持った獄卒に切り刻まれるものがある。

等活《とうかつ》地獄
→p30

等活《とうかつ》地獄
→p30

沸騰した釜の中に入れられた亡者が茹でられる

殺人に限らず、虫や魚などどんな生き物を殺しても殺生の罪となり等活地獄へおちる。そして、煮えたぎった釜で茹でられる責め苦がある。

叫喚《きょうかん》地獄
→p44

獄卒に無理やり口をあけられ熱した銅をそそがれる

叫喚地獄は殺生や盗み、淫邪の罪に加えて、飲酒の罪を犯した者がおちる地獄とされる。ここでも亡者は過酷な責め苦にあうが、口をこじあけられて溶けた熱い銅をそそがれるのも、その一つだ。

木の上下から亡者を誘う地獄界きっての美女！

衆合地獄は、殺生や盗みを犯した上に、淫邪（いんじゃ）の者がおとされ、さまざまな責め苦にあう。この場面は、「刀葉林（とうようりん）の景」だ。木の上から美女が亡者を誘い、亡者は刀のような鋭い枝葉で切り刻まれながらやっとのことで登ると、美女は木の下にいて誘う。これが永遠に続く。

衆合《しゅごう》地獄
→p40

六十四の目を持つ奇っ怪な鬼が火と鉄棒で亡者を痛めつける

阿鼻地獄は八大地獄の中で、もっとも恐ろしい地獄といわれ、親殺しや仏教を冒涜（ぼうとく）するなど、五逆罪（ごぎゃくざい）を犯した者がおちるとされている。ここでは、他の地獄が天国と思わせるほどの壮絶な責め苦にあう。その世界には、身体中に六十四の目を持ち、業火（ごうか）で亡者を焼く鬼がいる。

阿鼻《あび》
地獄
→p52

獄卒に体中の皮がはがされ灼熱の地に置かれる

大焦熱地獄は殺生・盗み・淫邪・妄語（もうご、嘘をつく）の罪に加えて、仏法をそしるなどの罪を犯した者がおちる地獄とされる。ここでも、さまざまな責め苦にあうが、この絵のように亡者は体中の皮をはがされ、赤裸の身を灼熱の地に置かれる。

大焦熱《だいしょうねつ》
地獄
→p50

地《じ》獄《ごく》に住む者たち

地獄の世界には、獄卒以外にも亡者を痛めつけ、食らう、恐ろしい生き物たちが跋扈《ばっこ》している。羅刹《らせつ》・大蛇・虫・鳥・龍・犬といったものが亡者に襲いかかる。

火を噴く牛頭の羅刹《らせつ》

阿鼻地獄に住むといわれる牛頭（ごず）の羅刹（らせつ）。文字どおり牛の頭の鬼で、亡者に業火を放つ。

亡者を巻いて食らう大蛇

阿鼻地獄に住む大蛇。おちてくる亡者を下で待ち受け、亡者の身体に巻きつき、その身を食らう。

亡者の身体をついばむ虫

叫喚地獄や阿鼻地獄には、途方もない数の虫が住んでいて、亡者を苦しめるという。

鉄のくちばしを持つ鷲

衆合地獄には、鉄のくちばしを持った鷲（わし）がいて、亡者の身体を木の枝にかけて食い荒らす。

亡者に向かって火を噴く龍

巨大な龍が舞い、火を噴く。

亡者の身体をむさぼる犬

地獄の世界には、獰猛（どうもう）な犬も住んでいて亡者を食らう。

番外編

餓《が》鬼《き》

死後、人が生まれ変わる世界は六つあるとされるが、その一つの餓鬼道（p70）には、食べることができず、お腹が満たされることはない餓鬼たちが住んでいる。

身体が痩せ細っているにもかかわらず、お腹だけが丸く膨れ上がった餓鬼。これは満たされぬ餓鬼の飢渇（きかつ）の様子を表したものだ。

全身から針のような毛を生やした餓鬼。やがてこの毛は炎となって、身体を焼き尽くす。

手にした食べ物や口にした飲み物が、あっという間に炎となってしまう。これでは、お腹が満たされるのは到底無理な話だ。

餓鬼道は、生前におのれの欲望だけを求め他人のことを省みなかったり、妬《ねた》んだり、他人の不幸を願ったりした者が転生する世界だ。そこに住む者は「餓鬼」と呼ばれ、地獄の責め苦とは異なるが飢《う》えと渇《かわ》きに悩み続ける。

目次

第1章

往生要集《おうじょうようしゅう》に綴《つづ》られた八大地獄《はちだいじごく》……23

第2章 死出《しで》の旅路と六道輪廻《ろくどうりんね》

第3章

神話・説話・絵図に見る日本の地獄《じごく》模様……97

第4章

地獄《じごく》から脱した仏の世界 極楽浄土《ごくらくじょうど》

第5章

地獄《じごく》と並び恐れられた妖怪《ようかい》・幽霊《ゆうれい》・怨霊《おんりょう》

執筆：大角修、山本道生（地人館）
編集：山本道生（地人館）
ブックデザイン：米倉英弘（細山田デザイン事務所）
イラスト：ほしのちなみ
DTP：佐藤修久（地人館）
印刷：シナノ書籍印刷

第1章

往生要集《おうじょうようしゅう》に綴《つづ》られた八大地獄《はちだいじごく》

およそ千年以上前のこと。比叡山の僧・源信《げんしん》が『往生要集』という書物を執筆。その中には地獄の様子が書き記され、現代の日本人にも通じる地獄観が作られた。第1章では、そんな『往生要集』の地獄の世界を紹介する。

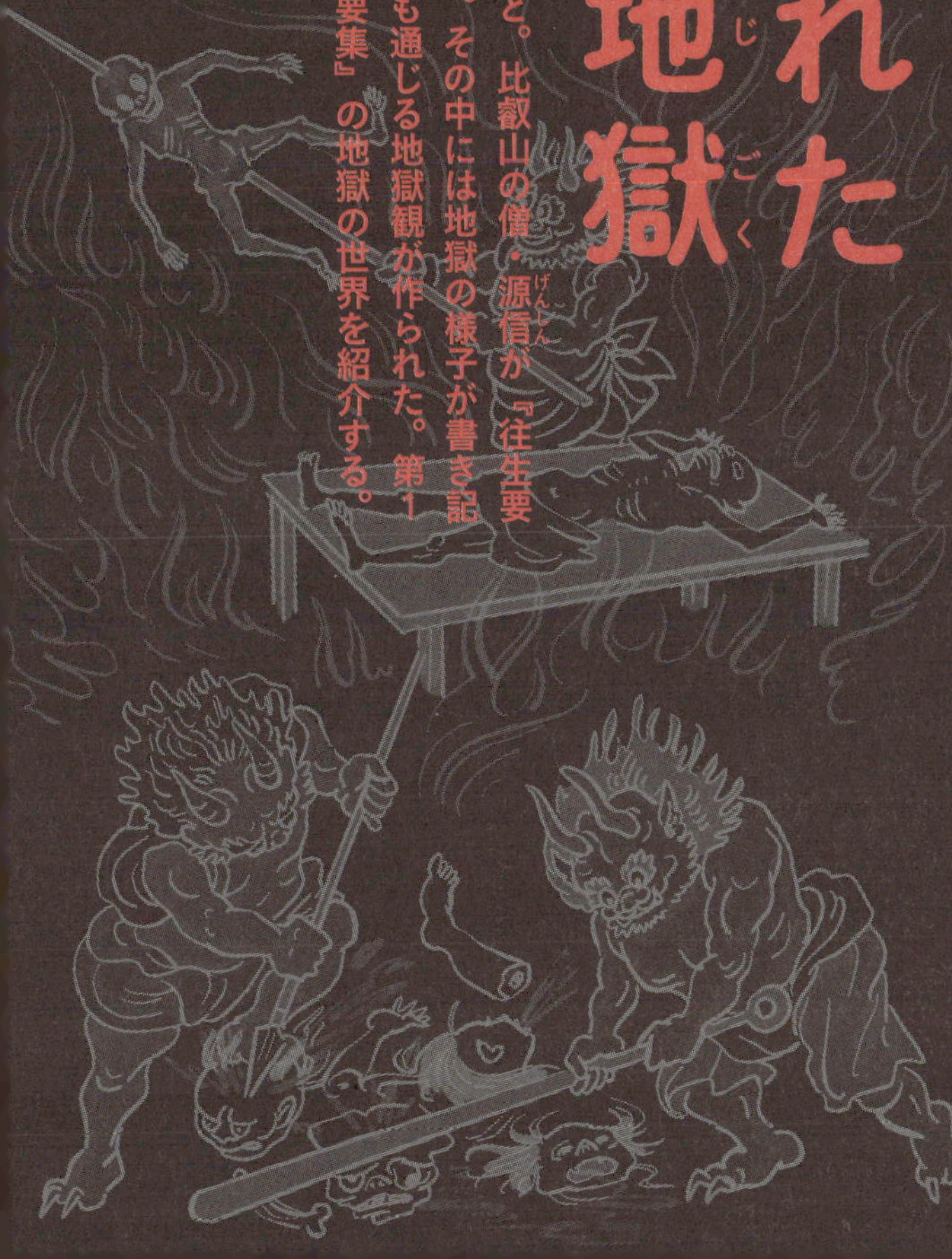

源信

平安時代中期に活躍した名僧。大和（現在の奈良県）に生まれ、幼くして比叡山に登り、のちに天台座主（てんだいざす）となった良源のもとで仏教を学ぶ。44歳のとき、『往生要集』を執筆し、以後日本の浄土教に大きな影響を与える。

地獄とは?

1

源信《げんしん》と往生要集《おうじょうようしゅう》

あの世のことが記された「地獄の書」の決定版

平安時代の中期、「比叡山《ひえいざん》の中興《ちゅうこう》の祖《そ》」と謳われた良《りょう》源《げん》（元三大師《がんざんだいし》）のもとで法華経《ほけきょう》や密教《みっきょう》を学び、15歳で村上天皇の命により法華八講《ほっけはちこう》の講師に選ばれた僧がいた。その名も源信といい、これから紹介する地獄の世界を詳しく述べた『往生要集』を執筆した人物だ。源信は比叡山の西部に位置する横川《よかわ》の恵心《えしん》院《いん》にこもり、念仏の求道《ぐどう》（注1）の道を歩んだ。ゆえに源信は恵《え》心僧都《しんそうず》とも呼ばれる。

また、平安貴族の頂点に立っていた藤原道長《ふじわらのみちなが》（966-1027年）も、源信の『往生要集』を読んだ。

源信が『往生要集』の執筆を開始したのは、自らが病をわずらったことがきっかけだった。その中身は阿弥陀如来《あみだにょらい》に帰依《きえ》し、

（注1）求道：仏道（悟り）を求めること。

比叡山のマップ

滋賀県の比叡山延暦寺は、日本天台宗の開祖である最澄（さいちょう、注2）が開いた天台宗の総本山だ。ここから法然や親鸞、道元など宗祖を輩出したことから「日本仏教の故郷」と呼ばれる。その広大な寺域は、東塔（とうどう）・西塔（さいとう）・横川（よかわ）の三つのエリアからなる。

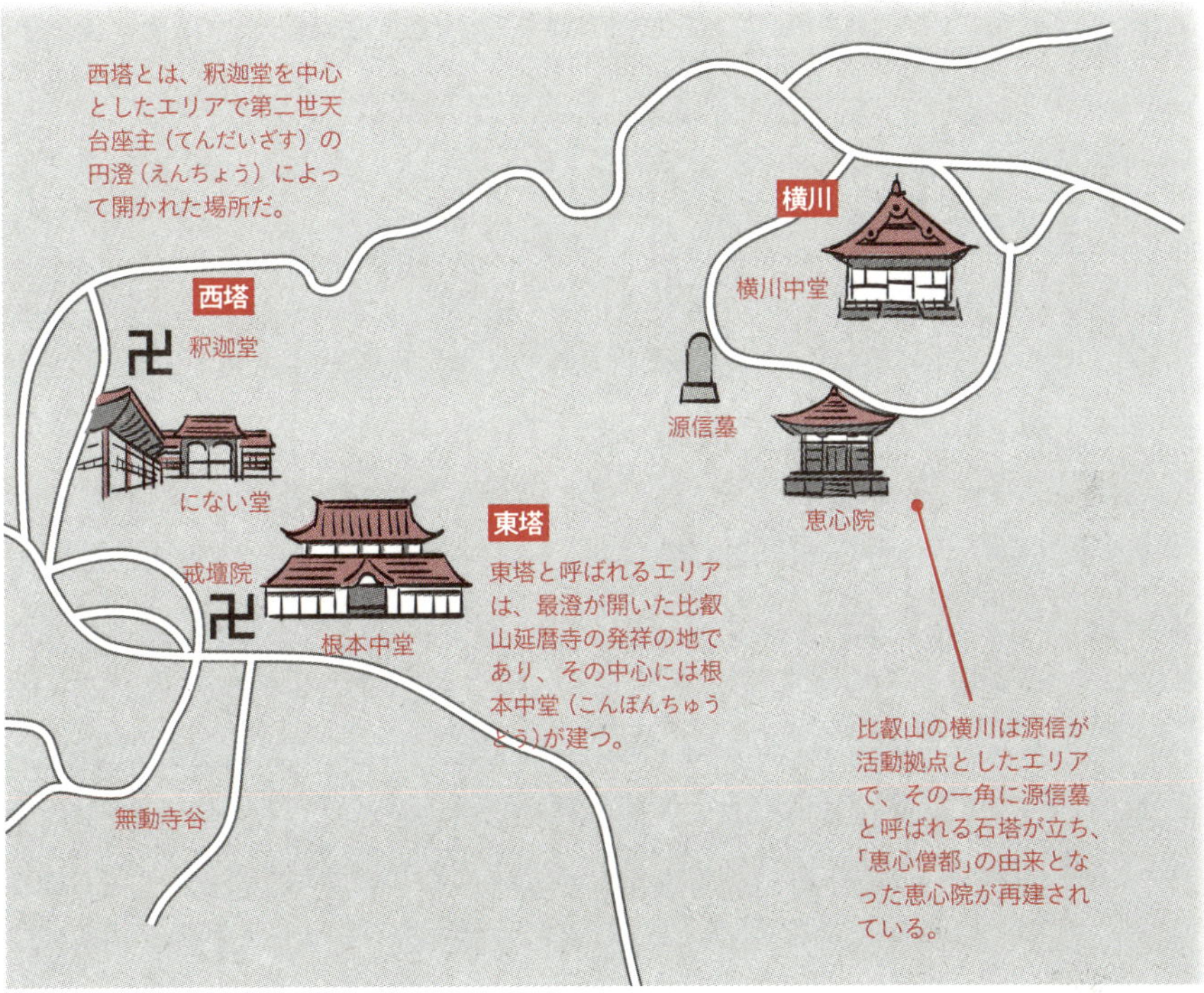
西塔とは、釈迦堂を中心としたエリアで第二世天台座主（てんだいざす）の円澄（えんちょう）によって開かれた場所だ。
西塔
釈迦堂
にない堂
戒壇院
根本中堂
無動寺谷
東塔
東塔と呼ばれるエリアは、最澄が開いた比叡山延暦寺の発祥の地であり、その中心には根本中堂（こんぽんちゅうどう）が建つ。
横川
横川中堂
源信墓
恵心院
比叡山の横川は源信が活動拠点としたエリアで、その一角に源信墓と呼ばれる石塔が立ち、「恵心僧都」の由来となった恵心院が再建されている。

極楽浄土《ごくらくじょうど》へ往生するための方法を論じたものだった。その第一章（大文第一）の「厭離穢土《おんりえど》」では、あの世の様子を詳しく記し、地獄の書として後世にも伝わったのである。そして、『往生要集』は地獄の話に続き、死後の世界として「餓鬼《がき》・畜生《ちくしょう》・修《しゅ》羅《ら》・人《にん》・天《てん》」という六道《ろくどう》の世界（p58）におよぶ。

平安時代から現代に至るまで、日本仏教の一翼を担ってきた浄土の教え（浄土教）、すなわち阿《あ》弥陀如来《みだにょらい》への信仰は、源信がその基礎を築いたとされる。

一方、中国で仏教と道教が融合して生まれた十王信仰の中から閻魔《えんま》大王が登場。さらに『地《じ》蔵十王経《ぞうじゅうおうきょう》』（P6）で賽《さい》の河原《かわら》と地蔵菩薩が語られるなど、日本人の地獄観が形づくられた。

（注2）最澄：日本天台宗の宗祖。平安時代の初めに唐へ渡り天台教学を学び、比叡山延暦寺（えんりゃくじ）を創建する。

須弥山《しゅみせん》と地獄

世界の中心にそびえる山と きわめて深いところにある暗黒の世界

地獄とは、インドの古い言葉（サンスクリット語）で「ナラカ」といい、これに漢字をあてたものが「那落迦《ならか》（奈落《ならく》）」になる。日本でも落ちていった最後のところを「奈落の底」というように、那落迦（奈落）は、この世で悪業《あくごう》を行った者が、死後に行く世界と考えられている地下の牢獄（地獄）をさしている。

アーリア人の神インドラ

古代インドを征服したアーリア人が信仰した神で、インド神話に登場するアイラーヴァタ（白い象）に乗っている。
インドラは、須弥山の山上にある忉利天（とうりてん）に住み、神々の帝王として崇められた。

仏教の母国インドでは、世界の中心に須弥山という途方もなく高い山がそびえ、その周囲を七つの山が囲み、山と山の間に霊水を讃えた海があると考えられていた。そして、いちばん外側の山の外に海があり、東西南北に陸地があるという。その南の陸地を「閻浮提《えんぶだい》」といって私たちが住む世界とされてきた。

地獄は、その閻浮提のはるか下方にあるという。詳しくは二万由旬《ゆじゅん》（注）のところにあるというが、由旬とは経典に登場する距離の単位で、一説には一由旬は約14・4キロ。つまり、二万由旬は約29万キロになる。もちろん、この数字は想像のものであるが、地獄はきわめて深いところにある暗黒の世界だ。

（注）由旬：サンスクリット語の「ヨージュナ」に漢字をあてたもの。

古代インドの世界観

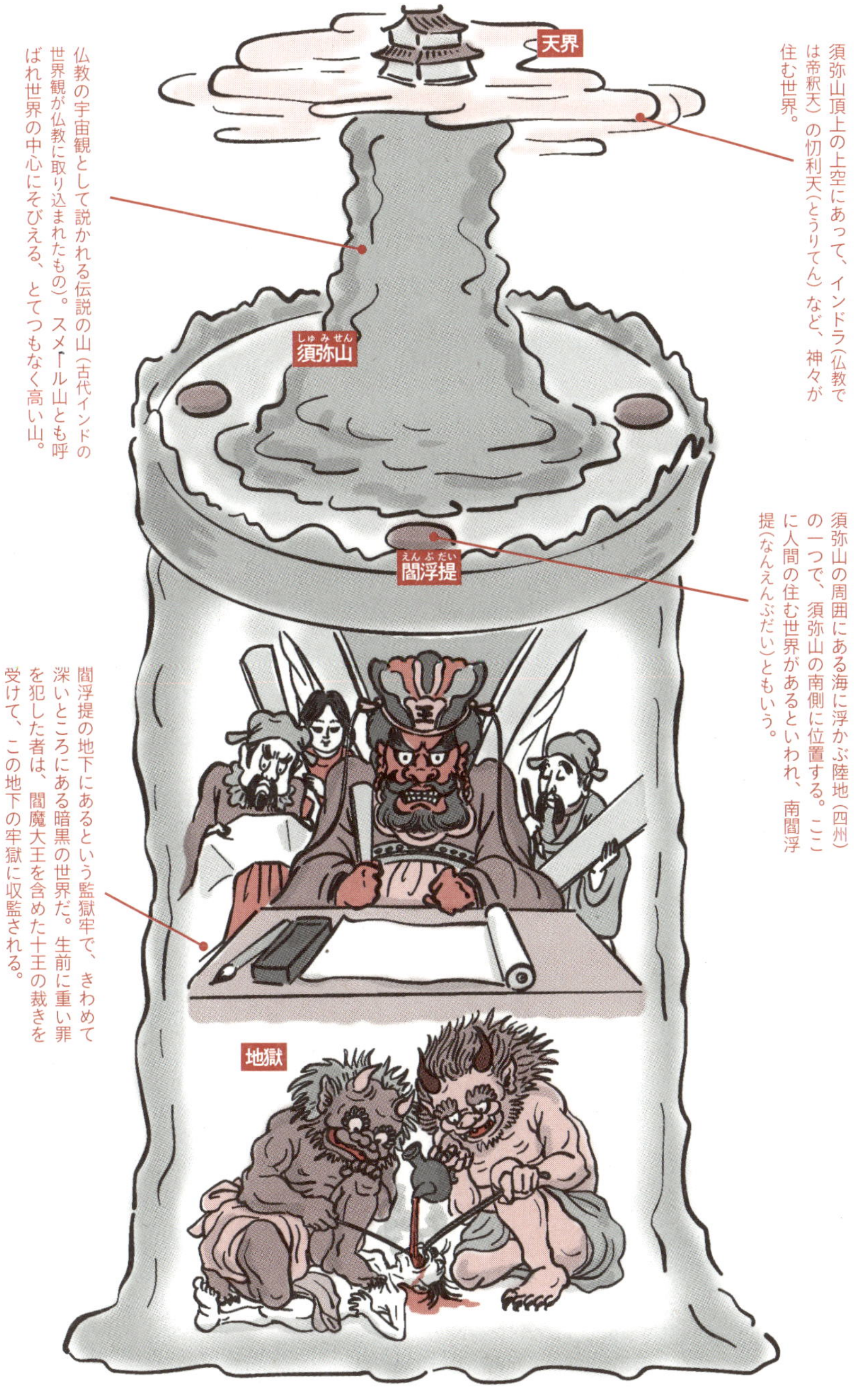
天界
須弥山頂上の上空にあって、インドラ（仏教では帝釈天）の忉利天（とうりてん）など、神々が住む世界。
仏教の宇宙観として説かれる伝説の山（古代インドの世界観が仏教に取り込まれたもの）。スメール山とも呼ばれ世界の中心にそびえる、とてつもなく高い山。
須弥山《しゅみせん》
須弥山の周囲にある海に浮かぶ陸地（四州）の一つで、須弥山の南側に位置する。ここに人間の住む世界があるといわれ、南閻浮提（なんえんぶだい）ともいう。
閻浮提《えんぶだい》
閻浮提の地下にあるという監獄牢で、きわめて深いところにある暗黒の世界だ。生前に重い罪を犯した者は、閻魔大王を含めた十王の裁きを受けて、この地下の牢獄に収監される。
地獄

地獄とは?

3

八《はち》大《だい》地《じ》獄《ごく》

往生要集に記された八つの地獄の世界

閻魔の裁き

地獄は、生前に悪業を働いた者がおとされる世界で、亡者は想像を絶する責め苦にあってもがき苦しむ。p10で説明したように源信の『往生要集』によると、その中に大地獄が8つあり、それぞれの大地獄に付随して十六の小地獄があるという。つまり、地獄の種類は全部で百三十六もある。

そして、仏教の世界で使われる「善因《ぜんいん》善果《ぜんが》」「悪因悪果《あくいんあくが》」(注)「因果応報《いんがおうほう》」などの言葉が示すように、生前に犯した罪によって、死後にどの地獄へ行くかが決まる。

その八大地獄をイメージ図にしたものが、左頁の八階建ての巨大な地下の監獄だ。

B1　等活《とうかつ》地獄
B2　黒縄《こくじょう》地獄
B3　衆合《しゅごう》地獄
B4　叫喚《きょうかん》地獄
B5　大叫喚《だいきょうかん》地獄
B6　焦熱《しょうねつ》地獄
B7　大焦熱《だいしょうねつ》地獄
B8　阿鼻《あび》地獄

これらの地獄は下の階にいくほど、きびしい責め苦が待ち受けている。それゆえ地下八階の阿鼻地獄では、究極の責め苦を受ける。そこには七重の鉄の壁があり、中に押し込められた亡者は、熔解した銅を流し込まれて焼き殺される。しかし、焼き殺された亡者は蘇生し、何度も同じ責め苦が繰り返される。

(注)善因善果・悪因悪果：よい行いをすればよい報いがあり、悪い行いをすれば悪い結果がもたらされるということ。

1

往生要集に綴られた八大地獄

八大地獄

等活地獄の責め苦①

亡者はまな板のような台の上に乗せられ、鬼に包丁のような鋭い刃物で身体が細かく切り刻まれる。

亡者同士が鋭い爪でお互いの目や身体を掻きむしる。

バラバラになっても、涼風が吹くと亡者の身体は蘇り、同じ責め苦が繰り返される。

八大地獄

1

等《とう》活《かつ》地《じ》獄《ごく》

生前に殺生《せっしょう》を犯した者がおちる地下一階の地獄

罪

生前に魚や動物を殺すなど、殺生の罪を犯した者がおちる地獄。

源信が著した『往生要集』の中で、最初に登場するのが、八大地獄の一つ等活地獄だ。右図に示したように、地獄の地下牢獄にあって最上階に位置するといわれている。

詳しくは、インド神話に登場する須弥山《しゅみせん》（宇宙の中心にそびえる山、p27）の南方にある「閻浮《えんぶ》提《だい》」と呼ばれる大陸の地下にあり、地下一階にあるといっても、『往生要集』よると、深さ一千由《ゆ》旬《じゅん》（注）のところに等活地獄はあって、その幅は一万由旬に及ぶといわれる。

（注）一千由旬：一由旬の距離は約8キロとも14キロ余りともいわれ、千由旬はその千倍に及ぶ。

等活地獄の責め苦②

獄卒が振るう鉄の棒で叩かれ、身体が粉々に砕け散る。

責め苦から逃れようと亡者は逃げまわるが、刺股（さすまた）を手にする獄卒に捕まり、刀で寸断される。

等活とは「等しくよみがえ（活）る」と意味で、この地獄は生前に殺生を行った者がおちる地獄とされている。それら粗暴ともいうべき亡者は争おうという敵愾心《てきがいしん》が強く、この地獄では死んでも生き返り、永遠に戦い続けるとされる。そうして、亡者は殺生の痛みや罪深さを知ることになる。

また、この地獄の一日は途方もなく長い。須弥山の四方を護る四天王の一日は人間の五十年に当たるとされているが、その四天王の寿命に当たる長い時間がこの地獄の一日だという。

そして、亡者は切り刻まれては蘇り、また切り刻まれるという責め苦を、この地獄の時間で五百年も続くという。

六道絵《ろくどうえ》(注)に描かれた等活地獄

もっとも罪が軽い地獄だからといって、恐ろしい責め苦から逃れることはできない。鉄の棒で頭から足先まで打ち砕かれ、鉄の壁の中に押し込められ、激しい炎で焼かれる。

上部には鉄のツメで掻きむしりあう二人の亡者が描かれ、その下には台に乗せられた亡者が鬼に切り刻まれる様子も。さらにその下には、骨になった亡者と死して蘇った亡者が描かれている。

鬼が太い棒で叩いたり、鋭い槍で背中を突くなど亡者を痛め続ける。

亡者は鉄製の壁の中に入れられ、激しい炎に包まれ焼かれる。それを外から鬼が監視している。

山の狭い隙間に大勢の亡者が押し込められ、鬼たちが両側から押して亡者の身体を押しつぶす。

火で熱した釜の中に入れられ、亡者は炒られ続ける。

(注1)六道絵：地獄道をはじめ餓鬼道(がきどう)・修羅道(しゅらどう)・畜生道(ちくしょうどう)・人道(にんどう)・天道(てんどう)の六つの世界を絵に表したもの。

等活地獄の十六の小地獄

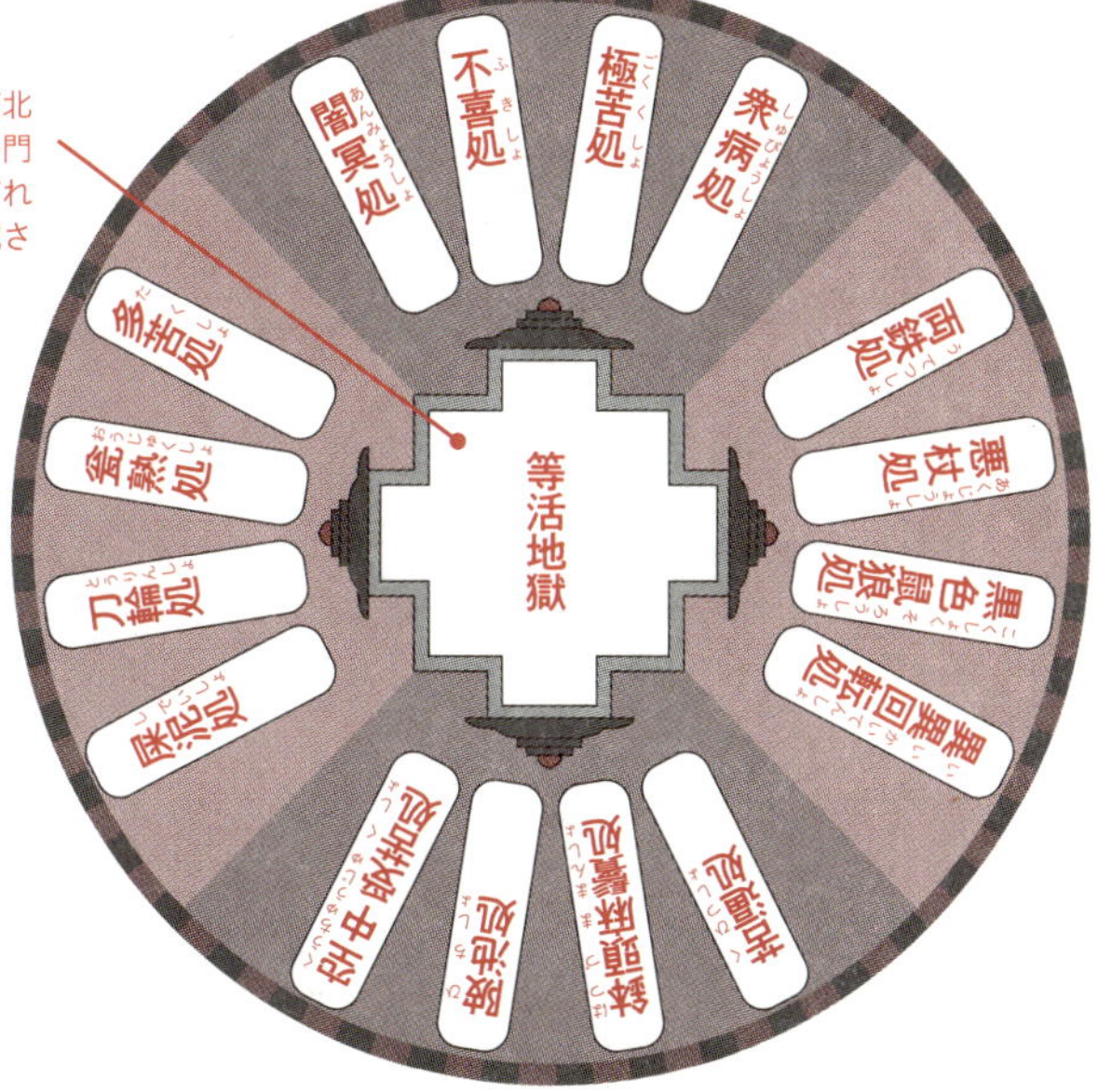

等活地獄の東西南北におかれた４つの門の外側に、それぞれ４つの小地獄が配されている。

『往生要集』によると、八大地獄（等活地獄・黒縄地獄・衆合地獄・叫喚地獄・大叫喚地獄・焦熱地獄・大焦熱地獄・阿鼻地獄）には、四つの門があり、その外側に十六の小地獄（別処）があると説かれている。それを図にしたのが上で、四方に造られた四つの門の外側に、それぞれに付随する四つの小地獄があるという。そして、乱暴を働いた者、子どもを虐待した者、人や動物を殺した者など、生前に犯した罪の重さによって亡者の行き先（大小の地獄）は決まる。

『往生要集』には、大地獄に続いて小地獄の様子も描かれている。例えば等活地獄の小地獄の一つ、尿泥処《しでいしょ》は次のように記されている。

「熱い糞尿の池があり、罪人たちは苦い味の熱尿《ねっし》（糞《ふん》）を食べる。そこには硬い金剛のくちばしをもつ虫が充満していて、競って罪人たちに食らいつき、皮を破って肉をかみ、骨を砕いて髄《ずい》をすする。生前に鹿や鳥を殺した者が、この地獄におちる」

このような記述を絵にしたものが、日本各地の寺に伝わる地獄絵で、p34で紹介する尿泥処も現代にも伝わる地獄絵をもとに図解したものだ。ただし、『往生要集』では百二十八の小地獄（八大地獄×十六の小地獄）をすべて網羅してはいない。同様に本書も江戸時代の地獄絵『和字絵入《わじえいり》往生要集』をベースに、小地獄をピックアップして紹介する。

等活地獄の小地獄

屎泥処《しでいしょ》

等活地獄の小地獄の一つで、盗みをしたり小動物を殺した者がおちる。この地獄では煮えたぎる糞尿の池があり、亡者はその中に落とされ、猛烈な熱さと悪臭の責め苦にあう。

糞尿の池に落ちた亡者は、硬いくちばしをもった虫たちにその身を食われる。

罪

小動物を殺したり弱い者いじめをした者がおちる世界。

等活地獄の小地獄

刀輪処《とうりんしょ》と瓮熟処《おうじゅくしょ》

等活地獄の小地獄で、刀輪処は他人を傷つけた者、瓮熟処は鳥や猪などを殺した者がおちる。刀輪処では刀が降りそそぎ、瓮熟処では焼かれたり、釜で茹でられたりする。

刀輪処では鋭い刃を持つ刀（刀葉樹）が降り注ぎ、亡者の身体が切り刻まれる。

瓮熟処では、亡者は熱した釜に入れられ豆のように煮られる。

罪

刀輪処は殺人や強盗をした者、瓮熟処は動物を殺した者がおちる。

等活地獄の小地獄

多苦処《たくしょ》と闇冥処《あんみょうしょ》

多苦処は火傷をさせるなど幼い子どもを虐待した者、闇冥処は羊などを殺生した者がおちる。そして、多苦処では串刺しにされ、闇冥処では熱風に焼かれる。

多苦処では、木に吊されたり串刺しにされたり、数知れぬ苦しみが亡者を襲う。
闇冥処では猛烈な風が亡者を砂粒のように吹き散らし、熱風に吹かれて裂かれる。

罪

多苦処は子どもを虐待した者、闇冥処は羊や亀を殺した者がおちる。

等活地獄の小地獄

不喜処《ふきしょ》と極苦処《ごくくしょ》

等活地獄の小地獄で、不喜処は音で動物を追い回して殺生した者、極苦処は切れて暴れ回り殺生をした者がおちる。不喜処では鳥や獣に食われ、極苦処では熱した鉄の海に投げ込まれる。

不喜処では、熱い炎のくちばしを持つ鳥や犬、狐などの獣が亡者の身体を食いちぎる。
極苦処ではどろどろに溶けた鉄の海に投げ込まれ、身体が焼け溶かされる。

罪

不喜処は大きな音で動物を驚かして殺した者、極苦処はすぐに切れ乱暴した者がおちる。

八大地獄

2

黒縄地獄《こくじょうじごく》

殺生や盗みを犯した者がおちる地下二階の地獄

亡者はまな板のような台に乗せられ、身体に墨縄（すみなわ）で線が引かれ、獄卒に切り刻まれる。
獄卒が振り下ろす鎌で、亡者の身体は幾千の肉片になり、まき散らされる。

罪

生前に人の物を盗んだり、生き物を殺生したりした者がおちる地獄。

黒縄地獄

墨つぼという大工道具がある。つぼから墨をつけた糸を引き、板をまっすぐ切るための目印の線をつける道具だ。黒縄地獄の「黒縄」とは、その墨線のこと。黒縄地獄の亡者は、熱鉄の上に転がされ、焼けた鉄縄で身体に縦横の線が引かれて切り裂かれる。焼けた斧やのこぎり、刀で幾千もの肉片に切り刻まれてしまうのである。

また、炎の上に張った無数の鉄縄《てつじょう》の網に追いやられる。そのとき、にわかに強風が吹いて鉄縄が身体にからまり、肉を焼き、

黒縄地獄の責め苦

亡者は、燃えさかる炎の上に張られた熱鉄の縄に追いやられ、肉は焼かれ、骨を焦がされる。

亡者の身体は、炎で焼き尽くされたと思いきや、再び蘇り、同じ責め苦が繰り返される。

骨を焦がし、毒気が満ちる。そして、幢《はたほこ》（旗）をつけた鉄の柱の間に鉄の縄を張り、獄卒はその上に亡者を追いやる。下には煮えたぎる熱い釜があり、亡者は釜に落とされて砕き煮られる。

この黒縄地獄では、等活地獄の十倍もの苦を受ける。助けてほしいと願っても、獄卒は「心はこれ第一の怨《あだ》なり」と歌い、「おまえの心がおまえを縛って、閻魔大王のところに連れてきたのだ。おまえの心が第一の怨になって地獄におちたのだから、妻子や兄弟でも救えない」という。

地獄におちたのは誰のせいでもない。生前に犯した罪のためだ。その罪を生んだのは自分の心である。だから誰も助けられない。亡者はここで、千年以上も苦しむことになる。

六道絵に描かれた黒縄地獄

二番目に罪が軽い地獄といっても、恐ろしい地獄の責め苦が続く。それは生前に自分が殺してしまった生き物たちの苦しみを受けるかのように、身体に墨の線が引かれて切り刻まれ、炎で焼き尽くされる。

燃えさかる炎の上に張られた縄をつたって、亡者は向こう側へ渡らせられる。
獄卒たちは亡者の身体に黒縄を引き、それを目印に斧で解体したり、まな板のような台に乗せて、のこぎりを使って亡者の身体を切り刻んだりしていく。
獄卒は亡者を熱鉄の縄で縛り、その身体を熱地の底へ突き落としてしまう。
逃げまどう亡者たちを、獄卒たちは棒や弓矢、あるいは刀を手に追い詰めていく。

黒縄地獄の小地獄

等喚受苦処《とうかんじゅくしょ》

他人の物を盗んだ者などがおちる世界とされる。この地獄では、熱鉄（高温で溶けた鉄）の縄に縛られた上に、獄卒に追われて高い崖の上から鉄刀が突き出す熱い地に落とされる。

熱地に落とされた亡者は、鉄刀が並ぶ地に落ちていく。

罪

他人の者を盗んだり、間違った法を説いた者がおちる世界。

黒縄地獄の小地獄

畏熟処《いじゅくしょ》

自らの欲にかられて人を殺してしまったり、食べ物を盗んだために他人を餓死させてしまったりした者などがおちる世界とされる。そこでは鉄刀や弓矢を持った獄卒に、昼夜を問わず追いかけられる。

獄卒に追い立てられた先は、鉄の棘がある草が生い茂り、猛火に包まれている。

罪

人を殺した者や食べ物を奪い他人を飢え死にさせた者がおちる世界。

八大地獄

3

衆合地獄《しゅごうじごく》

殺生・盗み・淫邪《いんじゃ》の者がおちる地下三階の地獄

馬頭
亡者は臼に入れられ、餅をつくかのごとく鉄の杵で打たれ、その身は鳥や獣に食べられてしまう。
鉄でできた山の間に挟まれ、獄卒たちの手ですりつぶされて、溶けた銅の川に投げ込まれる。

罪

殺生や盗みの罪に加えて、淫邪（倒錯した性行為など）の者がおちる地獄。

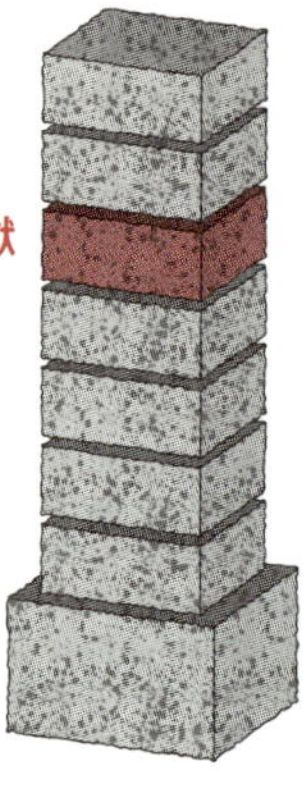
衆合地獄

衆合とは、何もかも合わさってしまうことを表す。この地獄には多くの鉄の山があり、牛頭《ごず》・馬頭《めず》の獄卒（注1）が亡者を山の間に追い込むと、両側の山が押し寄せて亡者の身体はすりつぶされ、合わさってしまう。また、鉄の山が空から落ちてきて、亡者を押し潰したり、臼に入れて鉄の杵でつき、岩の上に亡者を置いてすり潰したりする。その肉片は、鬼・獅子・虎・狼などの獣に地べたで食われ、烏や鷲などの鳥によって木の枝にかけられて食われる。

（注1）牛頭・馬頭の獄卒：人の身体をしているが、牛や馬の頭を持った地獄の悪鬼。

衆合地獄の責め苦

亡者は木の枝にかけられ、鉄の嘴をもった鷲に身体を食い荒らされる。

「刀葉林の景」とも呼ばれ、刀のように鋭く尖った葉を持つ木の上で、美女が手招きで亡者を呼ぶ。

美女のもとへ行こうとする亡者は、尖った葉でその身を切り刻まれるが、気がつけば美女は木の下に。これが永遠に続く。

衆合地獄には、大きな炎の川もあり、亡者はそこに投げ落とされる。炎の川には赤く溶けた銅が流れていて、亡者は川底に沈んでしまったり、天に向かって泣き叫んだりする。

一方、衆合地獄には枝の葉が刀のように尖った樹木が茂る刀《とう》葉林《ようりん》がある。その木の梢では、美しい女性が誘っていて、亡者は刀の葉で身の肉を割き、筋を切られながら登っていく。

しかし、亡者が上ると美女は地上にいる。欲にくらんだ心にたぶらかされて、亡者はここで無量百千億歳《むりょうひゃくせんおくさい》（注2）を過ごす。

そして、獄卒は亡者らを呵責《かしゃく》して歌う。

「他人の悪のために、苦の報いを受けているのではない。自業自《じごうじ》得《とく》の結果なのだ」と……。

（注2）無量百千億歳：人の想像をはるかに超えた年月を表す。

六道絵に描かれた衆合地獄

地下3階の衆合地獄は、さまざまな責め苦が待ち受けている。臼の中ですり潰されたり、山に押し潰されたり、吊されて火で炙られたりするが、すべては自業自得だといわれる。

枝に掛けられた亡者の身体が、鳥に啄まれる。

木の上で手招きする美女の姿が描かれている。p12とp41で紹介した「刀葉林の景」の場面で、亡者は刀のような葉で身体が切り刻まれる。

獄卒に追われて山の中に押し込められた亡者たちは、岩に押しつぶされてその身が粉々になる。

臼の中に入れられた亡者はすりつぶされ、その身は川に流される。

獄卒の手で吊され、火であぶられる。

衆合地獄の小地獄

多苦悩処《たくのうしょ》と忍苦処《にんくしょ》

多苦悩処・忍苦処はともに衆合地獄の小地獄で、多苦悩処では崖から落とされた亡者が鳥やキツネにその身を食われる。同じく小地獄の1つの忍苦処では、逆さづりにされた亡者が炎で焼かれる。

右の崖から落ちて獣に食われている場面が多苦悩処で、左の吊されて焼かれているシーンが忍苦処だ。

罪

多苦悩処は男色（注）を犯した者が、忍苦処は他人の妻を強姦した者などがおちる。

衆合地獄の小地獄

悪見処《あっけんしょ》

衆合地獄の小地獄の一つで、生前に他人の子どもを虐待したり、淫行を犯したりした罪でおちる。それゆえ、他人の子どもに与えた苦しみと同等の責め苦を、自分の子どもが受けるところを見ることになる。

悪見処では、自分の子どもが獄卒たちに責め苦を受けるところを見なければならない。

罪

他人の子どもを誘い出し虐待したり、性的な虐待を犯したりした者がおちる。

（注）男色：『往生要集』が著された当時は、貴族や僧侶の間でも男色が珍しいことではなかったともいわれる。

八大地獄

4

叫喚地獄《きょうかんじごく》

飲酒の罪を犯した者がおちる地下四階の地獄

叫喚地獄の責め苦

鉄棒を振りかざした獄卒に頭を割られ、逃げ惑いながら火の室へ押し込められる。
獄卒に手足をおさえられ、口をこじあけられ、熱して溶けた銅を口に注ぎこまれる。

罪

殺生、盗み、淫邪の罪に加えて、生前に飲酒の罪を犯した者がおちる地獄。

叫喚とは泣き叫ぶこと。この地獄の獄卒は目から炎を出し、赤い服を着た鬼だ。鉄の棒で亡者の頭を打って、熱鉄の地を走らせ、猛火の室《むろ》に入れて炙《あぶ》る。あまりに責め苦が続くので、「どうか哀れみを垂《た》れて、少し休ませてください」と頼むと、獄卒はますます怒って「自分の愛欲に迷って、悪業《あくごう》の報いを受けているのだ。そのとき悔いればよかったのに、今になって後悔しても、もう遅い」という。そして、この叫喚地獄の責め苦は、四千年以上も続く。

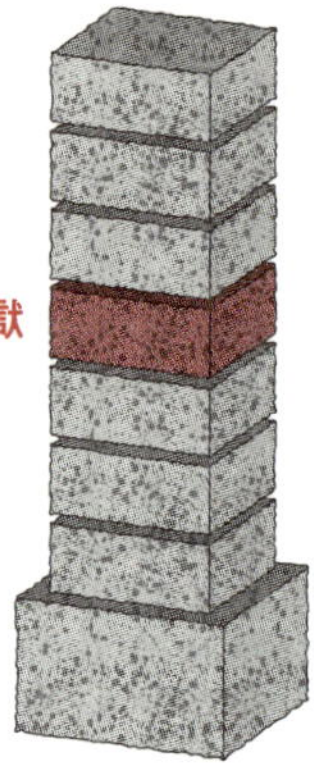
叫喚地獄

叫喚地獄の小地獄

火雲霧処《かうんむしょ》

無理やり酒を飲ませて笑いものにしたり、辱めたりした者がおちる地獄とされる。ここで亡者は、獄卒らに抱えあげられ、燃え盛る炎の中に投げ込まれる。

火雲霧処の業火は高さ二百肘（約90m）に達するという。

罪

正しい道を歩んでいる者に無理やり酒を飲ませ、もの笑いにした者がおちる。

叫喚地獄の小地獄

火末虫処《かまつちゅうしょ》

酒を水で薄めたり、盗んできた酒を売って儲けたりした者がおちる地獄とされる。ここで亡者は、獄卒に追いかけられる上、病気に悩まされた挙げ句、虫たちに食べられる。

人を死滅させるほど恐ろしい病気が四百四種もあるといい、亡者は病に苦しめられる。

罪

水で薄めた酒や盗んできた酒を売るなど、不正をしたことで儲けた者がおちる。

八大地獄

5

大叫喚地獄《だいきょうかんじごく》

妄語《もうご》の罪を犯した者がおちる地下五階の地獄

大叫喚地獄の責め苦

偽りの言葉を発し、他人をだました者は罪が重い。この地獄におちた亡者は、地獄の激しい炎で身を焼かれる。

大叫喚地獄で受ける苦しみは、それまでの等活地獄・黒縄地獄・衆合地獄・叫喚地獄で受けた苦しみの10倍だという。

罪

殺生、盗み、淫邪、飲酒の罪に加えて、嘘（妄語）をついた者がおちる地獄。

大叫喚地獄の責め苦は、一つ前の叫喚地獄と同じだが、その苦しみは十倍にもおよぶという。獄卒たちは亡者を責めながら、次のように歌う。

「妄語《もうご》は第一の火にして、なお能《よ》く大海《たいかい》を焼く。況《いわん》や妄語の人を焼くこと、草木の薪《しば》を焼くが如《ごと》し」（嘘や偽りは、大海をも焼く災いの火だ。枯れ草や薪を燃やすように人の身を焼く）と。

大叫喚地獄におちた亡者は、猛火につつまれた枯れ草のように焼かれながら泣き叫ぶ。その責め苦は八千年以上続く。

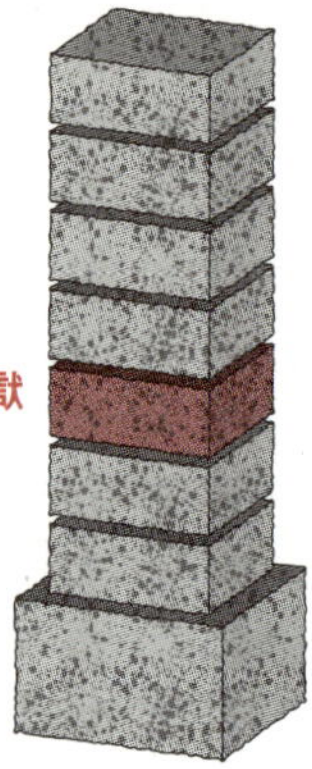

大叫喚地獄

大叫喚地獄の小地獄

受無辺苦処《じゅむへんくしょ》

人を正すべき立場であるにもかかわらず、嘘をついて道を誤らせた者がおちる地獄とされる。ここでは獄卒に踏みつけられ、熱した鉄のはさみで舌や目を抜かれる。

「嘘をつくと閻魔さんに舌を抜かれる」というが、受無辺苦処では、まさにその言葉通りの責めが行われる。

罪

人を正すべき僧侶や聖職者などが嘘をつき、人の心を欺いた場合におちる。

大叫喚地獄の小地獄

受鋒苦処《じゅほうくしょ》

お布施を受けたのに受けていないと文句をいったり、お布施の中身（金額）にケチをつけたりした者がおちる地獄とされる。ここでは熱した針で、舌と口を縫い合わせる。

木に縛りつけられた亡者は、舌と口が縫い合わされ、泣き叫ぶことすらできない。

罪

お布施をするといってしなかったり、金額で依怙贔屓（えこひいき）**したりした僧がおちる。**

八大地獄

6

焦《しょう》熱《ねつ》地《じ》獄《ごく》

邪見《じゃけん》（注1）の罪を犯した者がおちる
地下六階の地獄

焦熱地獄の責め苦

頭から身体まで巨大な鉄の串で刺され、猛火に炙られて身体から火を噴く。また、極熱の鉄板の上に乗せられ地獄の炎で焼かれる。

亡者は熱鉄（高温で溶けた鉄）の地に伏し、熱した鉄棒で獄卒に打たれたり、突かれたりする。

罪

殺生、盗み、淫邪、飲酒、妄語に加えて、邪見の罪を犯した者がおちる地獄。

この地獄では、亡者は熱鉄の上に寝かされ、頭から足まで大きな熱鉄の棒で刺し貫《つらぬ》かれる。その上、真っ赤に焼かれた鉄の網の上で、まるで串焼きのように転がしながら炙られる。ものすごい炎で炙られるので、毛穴や口など、身体のあらゆる穴から炎が噴き出す。また、鉄塔の上に置かれて、骨の髄まで炎で焼かれる。

焦熱地獄の炎を一粒でも現世に置けば、すべてを焼き尽くしてしまうほど熱い。そしてこの責めは一万六千年も続く。

焦熱地獄

(注1) 邪見：よこしまな見方をすること。仏教の教えを無視した誤った考え方をすること。

焦熱地獄の小地獄

闇火風処《あんかふうしょ》

仏教が説く無常（注2）を認めず、邪説を説いてまわった者がおちる地獄とされる。ここは激しい風が吹き荒れる世界で、亡者の身体は砕かれ飛ばされる。

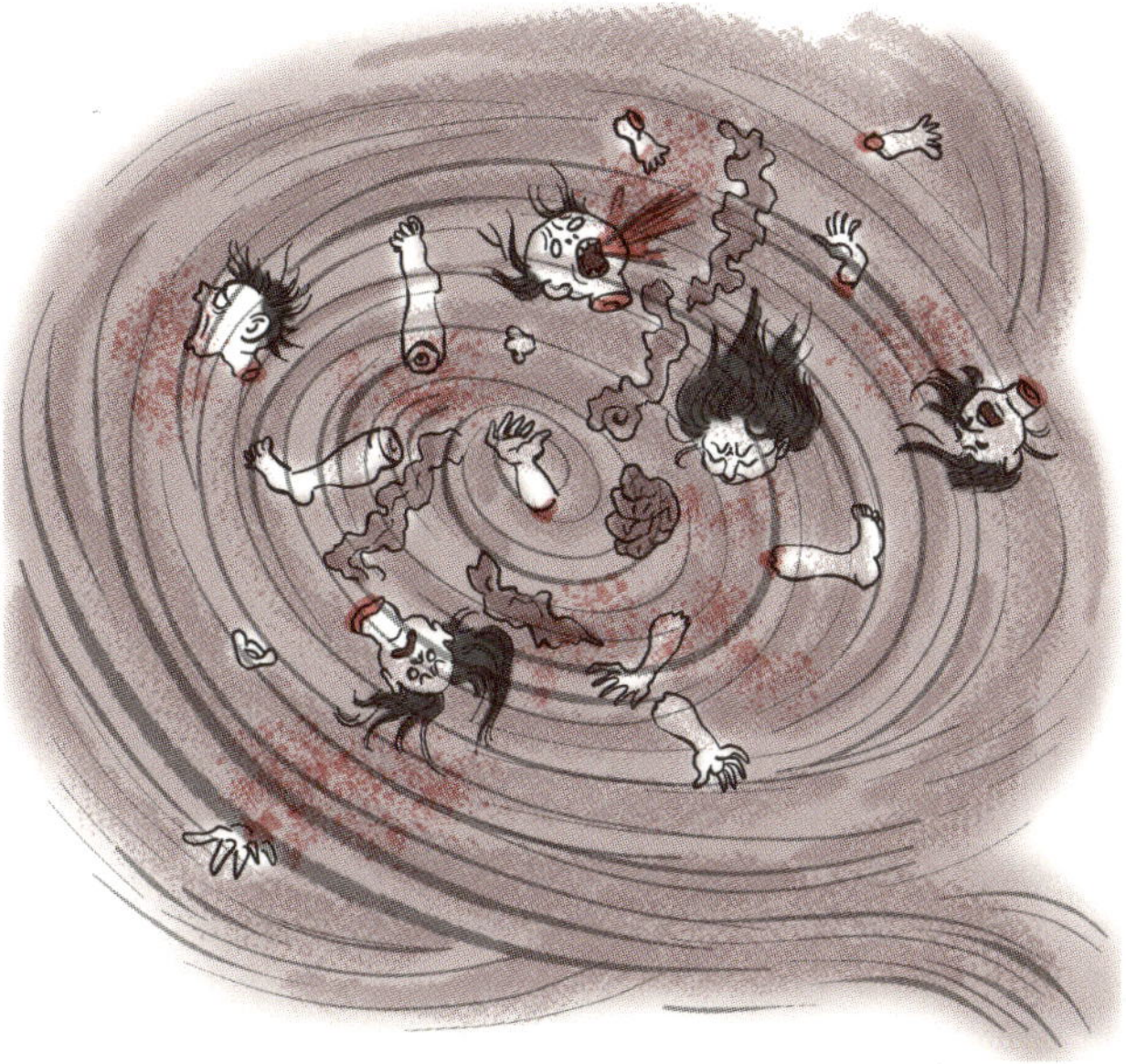

猛スピードで輪のように巻く暴風にまかれ、身体は粉々になり、その身は十方に飛び散る。

罪

無常の教えを知りながら認めず、悪しき説を説いた者がおちる。

焦熱地獄の小地獄

分茶梨迦処《ぶんだりかしょ》

「食べることをやめて、飢えて死ねば天に昇れる」といった邪説を説いた者がおちる地獄とされる。ここでは、蓮の花が火焔（かえん）となって亡者の身体を焼き尽くす。

分茶梨迦（ぶんだりか、白い蓮の花）が咲く池にいても、火焔を放つ蓮の花が亡者を焼き尽くす。

罪

飢えて死ねば、天に昇ることができると、まわりに説いた者がおちる。

（注2）無常：仏教の大切な教えの一つで、すべての物事（事象）は絶えず変化しているということ。無常を認めず、物事に執着することが罪。

八大地獄

7

大焦熱地獄《だいしょうねつじごく》

浄戒《じょうかい》（注1）の尼僧《にそう》を汚した者がおちる地下七階の地獄

修行に励む尼僧を誘惑したり、汚したりした者がおとされる。この大焦熱地獄では、亡者は猛烈な炎の中へおとされる。

吹き荒れる業の風に飛ばされ、心も身体も焼き尽くされる。

罪

殺生、盗み、淫邪、飲酒、妄語、邪見の罪に加えて浄戒の尼僧を誘惑したり、汚した者がおちる地獄。

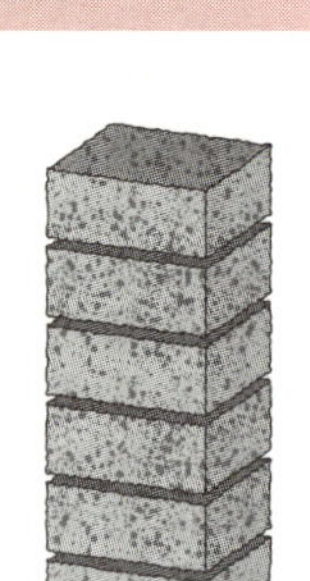

大焦熱地獄

この地獄のありさまは、先の焦熱地獄と同じだが、その十倍も苦しい。亡者は縛りあげられ、業風《ごうふう》（注2）が吹きすさぶ中を閻魔大王のところに引き立てられ、大焦熱地獄に向かう。その途中に、大焦熱地獄の大きな炎が燃える様子が遠くに見え、罪人たちが泣き叫ぶ声が聞こえてくる。その声を聞いただけで、心は恐怖に震える。火ではなく、自分自身の業《ごう》（生前の行い）で焼かれているのだ。火は消すことができても、業に焼かれることを防ぐことはできない。

（注1）浄戒：戒とは仏教徒が守るべき行動規範のことで、それに穢れがないこと。

大焦熱地獄の責め苦

『往生要集』によると、大焦熱地獄で受ける責め苦は、それまでの等活地獄・黒縄地獄・衆合地獄・叫喚地獄・大叫喚地獄・焦熱地獄の十倍の苦しみだという。

大焦熱地獄の小地獄

普受一切資生苦悩処《ふじゅいっさいししょうくのうしょ》

僧の身でありながら、尼僧に酒を飲ませてたぶらかした者がおちる地獄とされる。ここでは炎の刀で体中の皮がはがされ、赤裸（あかはだか）の身を灼熱の地に置かれる。

頭から足先まで、獄卒は亡者の身体の皮を剣で剥ぎ取り、赤裸のまま灼熱の地に置かれる

罪

比丘尼（びくに、出家して修行する尼僧）**に酒を飲ませたり、汚したりした僧がおちる。**

（注2）業風：地獄に吹くという暴風で、罪の大風ともいう。

八大地獄

8

阿《あ》鼻《び》地《じ》獄《ご く》

五逆罪《ごぎゃくざい》(注)を犯した者がおちる地下八階の地獄

阿鼻地獄の四方を囲む城壁（阿鼻城）の四隅には、途方もなく大きい番犬や牛頭の羅刹（ごずのらせつ）がいて、絶え間なく炎を吹き出している。
この地獄には、全身に六十四もの目を持つ青鬼がいて、赤く熱せられた鉄の棒を振りかざして、亡者を絶え間なく痛めつけている。

罪

「殺母・殺父・殺阿羅漢（せつあらかん）・出仏身血（すいぶっしんけつ）・破和合僧（はわごうそう）」の五逆罪と呼ばれる罪を犯した者がおちる地獄。

阿鼻の原語「アヴィーチ」は、隙間がないという意味だ。また、火焔が隙間なく満ちているので「無間地獄《むげんじごく》」ともいわれる。

そこは地獄の最下層の地下八階にあり、広さは他の地獄の八倍もあるいう。四方には、銅でできた四頭の巨大な番犬がいて、歯は刀の山、舌は鉄のトゲのようで、体中から猛火を出し、その臭いことは例えようもない。

阿鼻地獄には六十四の目を持つ獄卒がいて、牙の先から火を吹き出し、頭上には八つの牛頭《ごず》

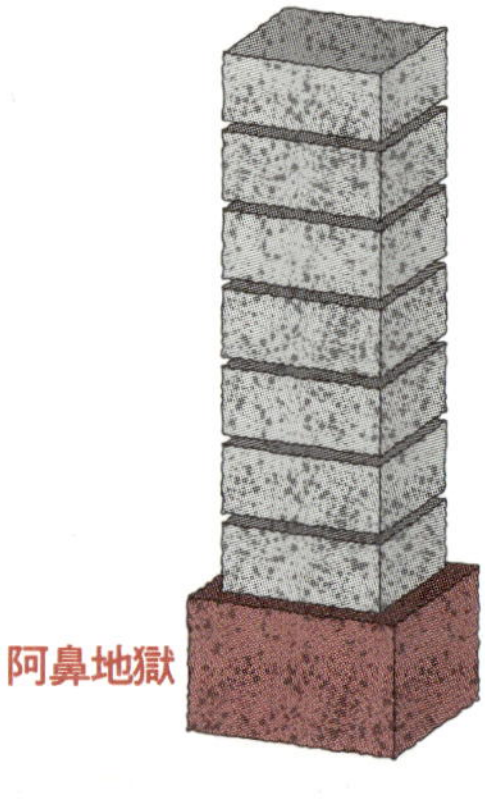
阿鼻地獄

（注）五逆罪：もっとも重い五つの罪。父母殺しのほか、聖者（阿羅漢）を殺したり仏の身を傷つけたり、僧の和合（組織）を破ったりすること。

阿鼻地獄の責め苦

真っ逆さまにおちてくる亡者たち。彼らは二千年もかけて、地獄の底へおちるという。

阿鼻地獄には毒を吐き、炎を吹き暴れる大蛇や無数の虫たちがいて、落ちてくる亡者を待ち受けている。

があり、それぞれ十八の角《つの》から猛火を吐いている。七層の城壁には鉄の幢《どう》（旗）が立ち、先から泉のように火を吐き出している。四方の門の上には釜が置かれ、溶けた銅を吹いている。

また、阿鼻地獄には八万四千の大蛇がいて毒の火を吐き、さらに五百億の虫がいて口から雨のような火を流している。

その中を亡者は、「一切はただ火焔《かえん》なり。大空さえも炎に満ち、四方八方、どこにも隙間がない」と泣きながら、真っ逆さまにおちていく。

この阿鼻地獄は、これまでの地獄の一切の苦と比べ、一千倍も苦しいという。その前の大焦熱地獄さえ、天上の楽園のように思われ、罪深い亡者はここで永劫《えいごう》の苦を受ける。

六道絵に描かれた阿鼻地獄

もっとも深い地下にあるという阿鼻地獄は、父母殺しなど五逆罪を犯した者が落ちる地獄だ。『往生要集』によると、それまでの地獄（等活・黒縄・衆合・叫喚・大叫喚・焦熱・大焦熱）と比べ、その苦しみは一千倍にもなるという。

阿鼻地獄へ真っ逆さまにおちてくる亡者たち。

獄卒たちに口をこじ開けられ、鉄丸（てつがん、鉄のかたまり）を無理やり飲まされる。

柱に縛りつけられた亡者は、獄卒に舌を引き伸ばされ、杭を打たれる。

銅でできた身体を持った巨大な犬が、悪臭を吐きながら猛火を放つ。

阿鼻地獄に通じる門の前では、獄卒が引く火車（猛火の燃えている車）に乗せられて、亡者たちはその身を焼かれる。

阿鼻地獄の小地獄

鉄《てつ》野《や》干《かん》食《じき》処《しょ》

お寺に火をつけお堂・仏像・経典・仏具、あるいは僧侶を焼き殺した者がおちる世界とされる。この地獄では、鉄の煉瓦が降りそそぎ、亡者の身体は打ち砕かれる。

真夏の雨のように降ってくる鉄の煉瓦で砕かれた上、その身を野犬に食われる。

罪

放火してお寺を焼失させたり、僧侶を焼き殺したりした者がおちる世界。

阿鼻地獄の小地獄

黒《こく》肚《と》処《しょ》

お寺の物を盗んだり、仏様にお供えした物を食べるなど、それを繰り返した者がおちる地獄とされる。ここでは、亡者は飢えて自分の身を食らう。

自分で自分の身体を食らうほか、黒い腹の大蛇に巻かれ食べられる。

罪

お寺が所有する物を盗んだり、お布施を盗んで食べたりした者がおちる世界。

阿鼻地獄の小地獄

閻婆度処《えんばどしょ》

阿鼻地獄の小地獄の一つで、汚物を川に流したり、堰き止めたり、大切な自然環境を壊したりした者がおちる地獄とされる。

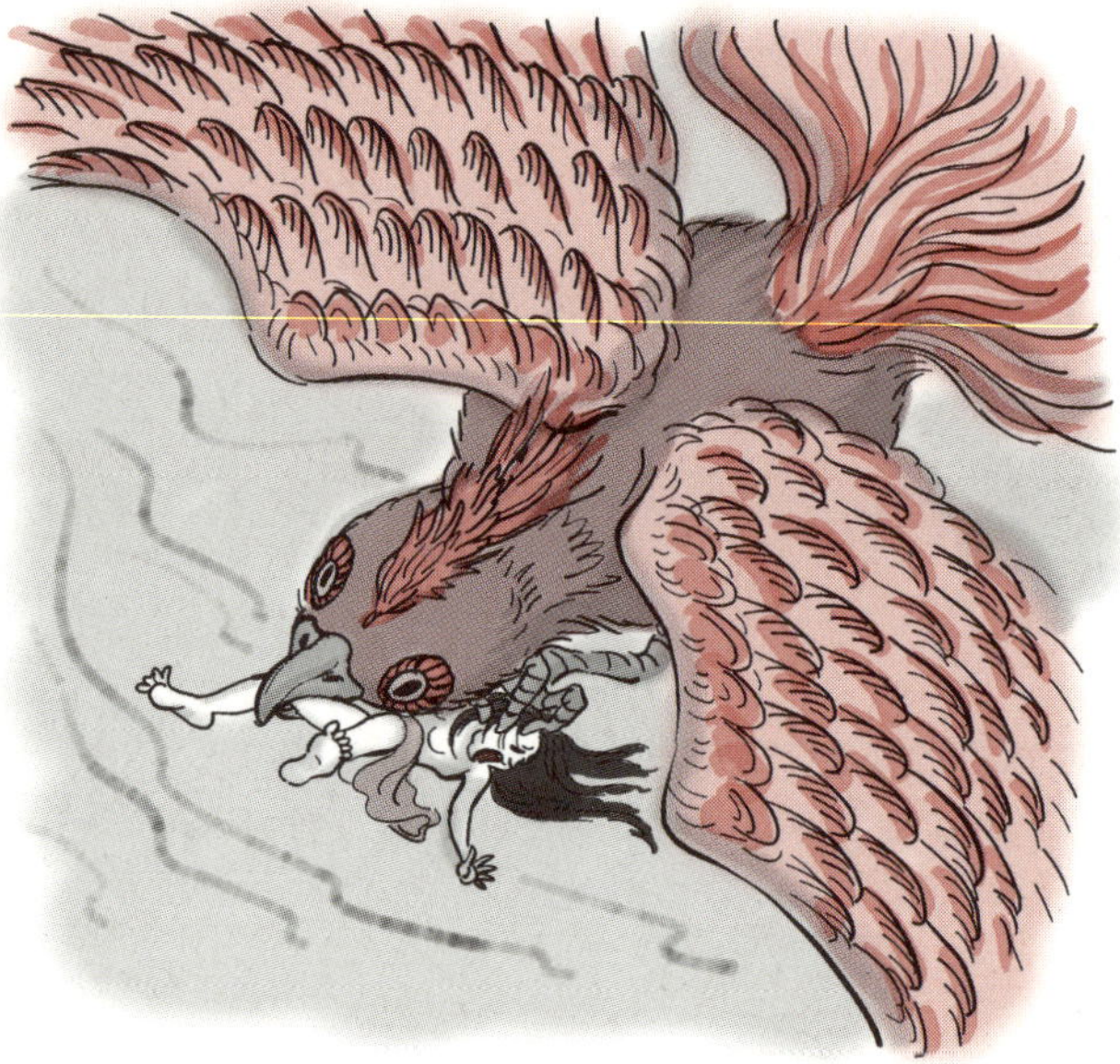

閻婆度（えんばど）と呼ばれる巨大な鳥についばまれ、地獄の底に突き落とされ、身体は粉々になる。

罪

川を汚染させたり、堰き止めたりするなど自然を壊した者がおちる世界。

阿鼻地獄の小地獄

雨山聚処《うせんじゅしょ》

悟りを得ようと独学で修行を続ける行者（ぎょうじゃ）の食べ物を奪って食べた者がおちる世界とされる。ここでは、大きな鉄の山で身体が砕かれ、熱したロウを飲まされる。

鉄の山で身体が砕かれたり、獄卒の刀で身を割かれたり、極熱のロウを飲まされたりする。

罪

独学で悟りを得ようとする聖者の食物を奪った者がおちる世界。

第2章

死《し》出《で》の旅路と六《ろく》道《どう》輪《りん》廻《ね》

仏教では、すべての生き物は生まれ変わり、死後に次の世へ転生するという。それ称して「六道輪廻」というが、一体どんな世界が待ち受けているのか？　ここでは死後にめぐる旅路と六道の世界を絵図で紐解く。

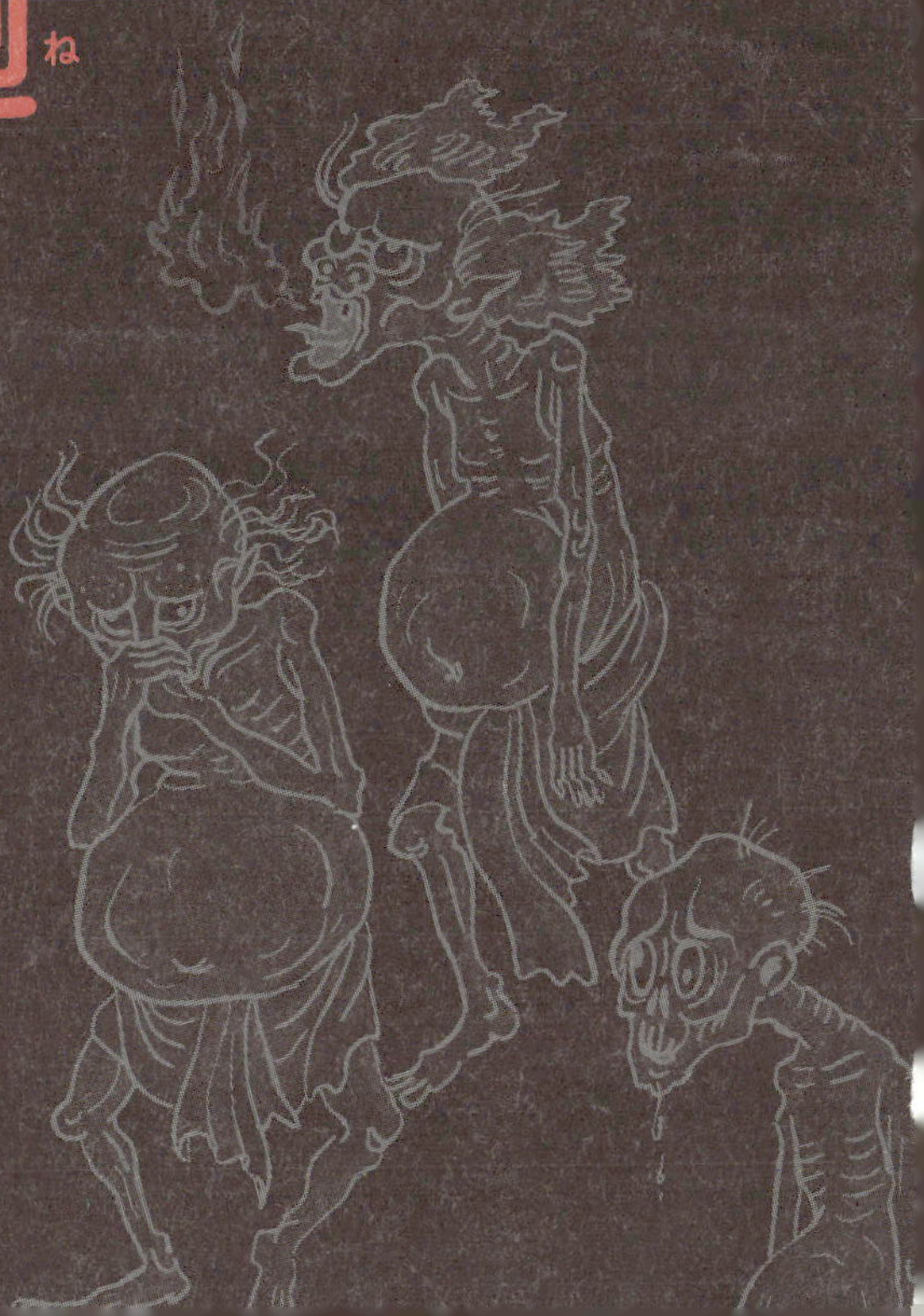

死出の旅

1

輪廻転生と六道《りんねてんしょうとろくどう》

すべての生き物には必ず死があるが再び生まれ変わり続ける

六道輪廻の世界

六道の中で地獄道・餓鬼道・畜生道の三つを指す。「三悪趣（さんあくしゅ）」ともいい、生前に行った悪業の結果として、死後にたどる苦しい世界（厭うべき境遇）のこと。

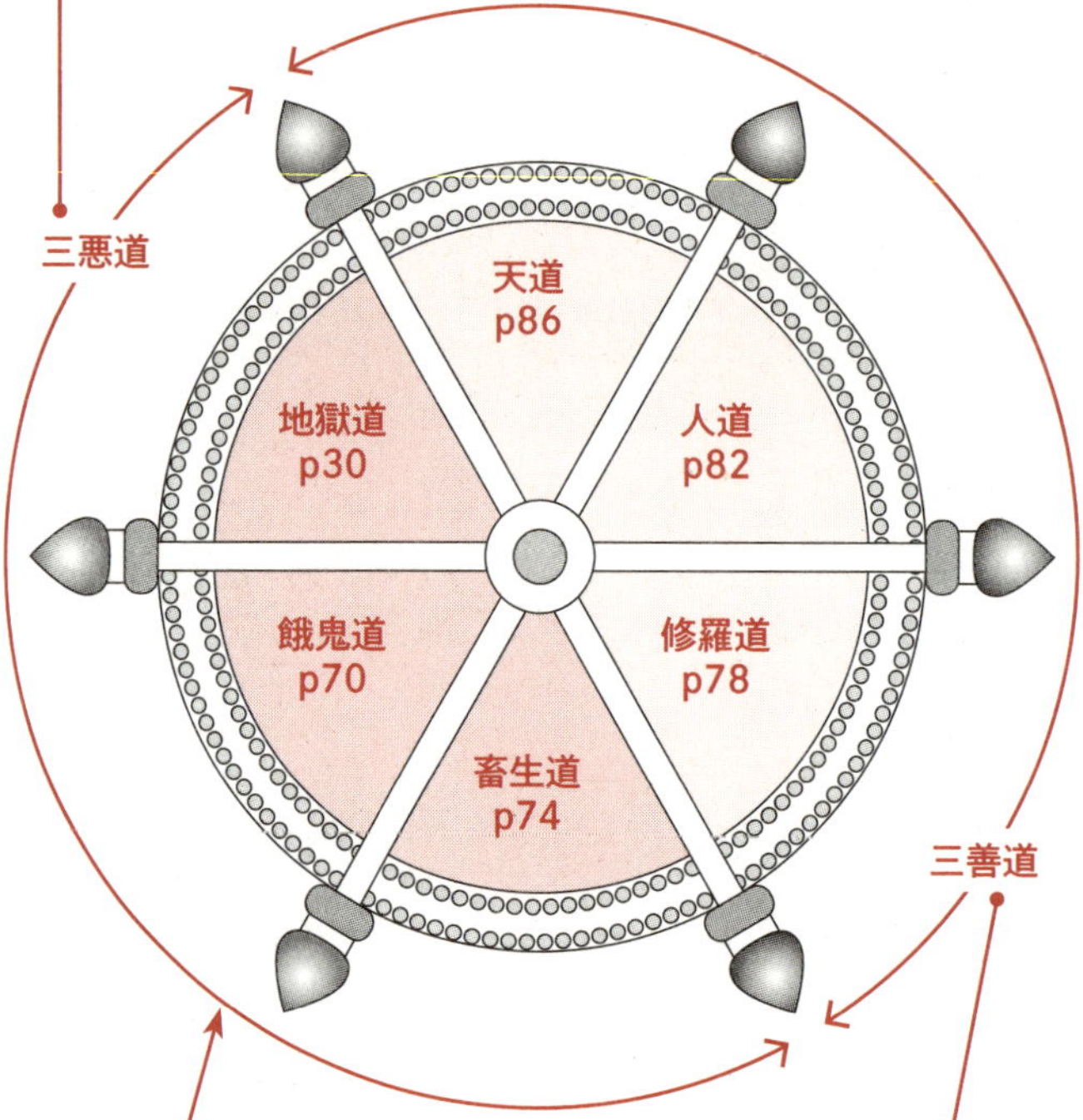

三悪道
天道
p86
地獄道
p30
人道
p82
餓鬼道
p70
修羅道
p78
畜生道
p74
三善道

すべての生き物は死して生まれ変わり、車輪が廻るように転生し続けるという。

六道の中で、修羅道・人道・天道の三つを指し、三悪道に比べれば相対的によいとされるが、ここも悩みや苦しみに満ちた世界とされる。

インドでは、人は死して繰り返し生まれ変わると考えられてきた。それを「輪廻転生」といい、仏教はその思想を取り込み転生する世界を「天道《てんどう》・人道《にんどう》・修羅道《しゅらどう》・畜生道《ちくしょうどう》・餓鬼《がき》道《どう》・地獄道《じごくどう》」の六つに分け、六道と呼んでいる（p67）。死して人は六道のどこに趣くか（転生するか）は、業（カルマ）と呼ばれる生前の行いによる。善行《ぜんぎょう》（善い行い）は善い結果を生み、悪《あく》行《ぎょう》（悪い行い）は悪い結果を招き、因果応報《いんがおうほう》の流れは生死の境を超えて来世《らいせ》につながっている。

しかし、衆生《しゅじょう》にとっては善行を積むことは難しく、悪行の誘惑は多い。それゆえ多くの人は六道の中でも「三悪道《さんあくどう》」と呼ばれる地獄道・餓鬼道・畜生道に趣くことになる。地獄道は殺生

天魔（第六天《だいろくてん》魔王《まおう》）

天界の一つである第六天に住む天魔（第六天魔王）は、仏教を滅ぼそうとする悪魔のこと。大蛇の姿となって、仏道修行者に襲いかかる。
仏教を開いたお釈迦様とその弟子たちが修行をしている。

戦国時代、天下統一を目前にして、本能寺の変で世を去った織田信長。確実な資料は残されていないが、自分のことを「第六天魔王（悪魔）」と称したという話が伝わっている。

などの罪を犯した者。餓鬼道は、物欲が強くて施しをしなかった者。畜生道は、自分勝手に愚かに生きた者がおちる世界である。

一方、六道の中でも天道・人道・修羅道は「三善道《さんぜんどう》」と呼ばれる。その最上位が天道だ。しかし、至高の天界といわれる有《う》頂天《ちょうてん》の者でさえも、うっかりすると転落を免れない。

また、天道には強力な魔王（天《てん》魔《ま》）が住んでいて、六道の衆生を迷わし、傷つけ、苦しむのを見て楽しむという。

この天魔をはじめ、修羅道の鬼神《きじん》や餓鬼道の幽鬼《ゆうき》、地獄の閻《えん》魔《ま》大王に至るまで、六道は総じて誘惑と欲望に支配された魔の世界であり、六道輪廻は魔界の廻りであり、六道の全体が穢《けが》れた世界（穢土《えど》）とされる。

臨終《りんじゅう》と風葬《ふうそう》

死出の旅

2

死《し》出《で》の旅に出発

あの世の旅で最初に出会う 奪精鬼《だつせいき》・奪魂鬼《だつこんき》・縛魄鬼《ばっぱくき》

どんなに幸せな人生を送ったとしても、すべての人は必ず死を迎える。そのとき、家族や友人は故人の死を悲しみ、追善供養（ついぜんくよう、注）を行う。

平安時代は荼毘（だび）にふされることが少なく、亡骸は野にさらして風葬にすることがよくあった。たとえば京の場合は、阿弥陀ヶ峰山麓にあった鳥野辺（とりのべ）や小倉山山麓の化野（あだしの）が、葬送の地とされ、今も化野念仏寺が残る。

人は亡くなると、どこか別の世界に行く。そのようなあの世の話は、世界中の国々で語られてきた。前ページで説明したように、仏教の母国インドでは、魂は輪廻し、亡くなると転生するという。その輪廻をインドでは「サンサーラ」というが、それは「ぐるぐると廻る」という意味を持ち、すべての生き物は死んでは生まれ変わり、転生を続ける。

しかし、人は亡くなると、すぐに地獄道や餓鬼道などの世界へ転生するわけではないとも伝わる。平安時代に源信が『往生《おうじょう》要集《ようしゅう》』を著して以降、日本では多くの地獄絵が描かれ、あの世の旅（死出《しで》の旅）が語られてきた。ここでは、昔から語られてきた死出の旅路をめぐっていこう。

（注）追善供養：現世にいる人が亡くなった人の冥福を祈ること。

精《せい》・魂《こん》・魄《ばく》を奪う三匹の鬼

中国では、「精（せい）・魂（こん）・魄（ばく）」の三つを人間は持ち、精神活動や肉体活動が行われるとされる。この三つがバラバラになると、死を迎えるという。この考え方が日本にも伝わった。

死出の旅へ出発した亡者の前に、「奪精鬼（だっせいき）・奪魂鬼（だっこんき）・縛魄鬼（ばっぱくき）」という三匹の鬼が現れる。

奪精鬼は亡者から精を奪い、奪魂鬼は魂を奪い、縛魄鬼は魄を奪い取るという。

「精・魂・魄」の中の精は元気の根源であり、魂は精神活動の根源であり、魄は肉体の根源であるとされる。

死出の旅

3

罪《ざい》問《もん》間《かん》樹《じゅ》と死《し》出《で》の山

亡者の行く手をさえぎる
トゲトゲの木と高く険しい山

罪問間樹《ざいもんかんじゅ》

亡者は「罪問間樹」という木をくぐる。そのとき、生前に功徳を積んだ者はすんなり通ることができる。しかし、罪深い者（悪行を重ねた者）がくぐろうとすると、枝が伸びてきて身体を突き刺す。

亡者の近くにいる一羽のカラス（中国ではホトトギスとも）は、人の死を前日に教えてくれるといわれる。ここから「カラスが鳴くと人が死ぬ」といわれるようになったとも。

死出の山

罪問間樹をくぐり抜けると、亡者の前に高く険しい死出の山（死天山・してんさん）が立ちはだがる。亡者は、この険しい山を自らの足で登らなければならない。

昔から葬送の際には、「経帷子（きょうかたびら）・草履（ぞうり）・杖・笠」といったものを故人に着せるが、これは死出の山を越えて行くための旅装束に他ならない。

死出《しで》の装束《しょうぞく》

雨に打たれても安心して死出の山が登れるように編み笠を被る。頭には麻や木綿でできた白い頭巾(ずきん) を巻く。

経文 (お経の言葉) が書かれた白い衣 (経帷子) を身に纏う。

修行僧が経典などを入れる袋を首から下げて、三途の川の渡し賃として六文銭 (ろくもんせん)を持って行く。

死出の山の急峻な坂を登るために、亡者は杖を持つ。

僧侶が法要の際に手にする数珠を持つ。

険しい山道を裸足で歩くことはできない。ゆえに白足袋 (しろたび) に草履を履いている。

納《のう》棺《かん》の際、頭陀袋《ずだぶくろ》や杖《つえ》など、さまざまなものを亡骸《なきがら》とともに納める風習がある。そのとき、故人が生前にお寺参りでいただいた納経帳《のうきょうちょう》（御朱印帳《ごしゅいんちょう》）も棺の中に入れておく。なぜかというと、死出の旅に出た者は、冥界で閻魔《えんま》大王の裁きを受ける。そこで、納経帳を閻魔大王に見せると、罪が軽くなるといわれているからだ。

御朱印

生前に仏教を信じ、お寺より御朱印をいただくことは、功徳を積んだことになる。

奪《だつ》衣《え》婆《ば》と三《さん》途《ず》の川

生前に行ってきた罪の重さによって渡る場所が変わる川

奪衣婆《だつえば》と懸枝翁《けんねおう》

亡者の衣服を掛けたとき、善人が着ていた服は低い枝に掛かり、罪深い者が着ていた服は高い枝に掛かるという。また、生前の罪が重いほど枝が大きく垂れ下がる。

奪衣婆と呼ばれる鬼は、その名の通り亡者から衣服を奪い取り、懸枝翁に渡す役目を担う。

懸枝翁は奪衣婆が奪った衣服を、三途の川のほとりに立つ衣領樹という木に向かって投げる。

死出の山を越えた者は、あの世とこの世（現世《げんせ》）の境目といわれる三途の川にたどり着く。つまり、この川を渡ると完全にあの世の世界に入る。「三途」という名前の由来は、左頁のように「橋を渡る場所」「川の流れがやや速い（船で渡る）場所」「濁流を渡る場所」と、渡れる場所が三か所あるからだという。

三途の川のどこを渡るのか？それを決めるのが二匹の鬼だ。それは「奪衣婆、懸枝翁《けんねおう》」といって、奪衣婆が亡者の着ていた服を奪い、その服を懸枝翁が木に向かって投げる。この木は「衣《え》領樹《りょうじゅ》」といい、罪深い者は高い枝に掛かり、罪が軽い者なら低い枝に掛かるという（諸説あり）。これによって三途の川のどこを渡るかが決まる。

三途の川と六文銭

①濁流の中を渡る場所

もっとも罪深い者が渡る場所。あっという間に流されるほど流れが速く、渡るとき、もっとも危険な場所とされている。亡者は鉄の棒を持った鬼たちに叩かれ、川の中に放り込まれる。

②船で渡る場所

罪が中程度の者が渡る場所。川の流れがやや速く、獄卒に追い立てられ亡者はここを渡る。船で渡る場所ともされているが、楽だと思いきや、いつ転覆するかわからない危険な船だ。

③橋を渡る場所

川の流れが穏やかな場所に、立派な橋がかかっている。生前の罪が軽かった者は、この橋を通って三途の川の向こう岸へ渡ることができる。

死に装束（p63）でふれたように、納棺の際に六文銭を入れる風習がある。それは三途の川を船で渡るための船賃といわれている。また、六道の入り口（六道の辻）には六人の地蔵菩薩が立っているともいわれ、この六文銭はこの六地蔵に一文ずつお賽銭を差し上げたためのものともいわれる。

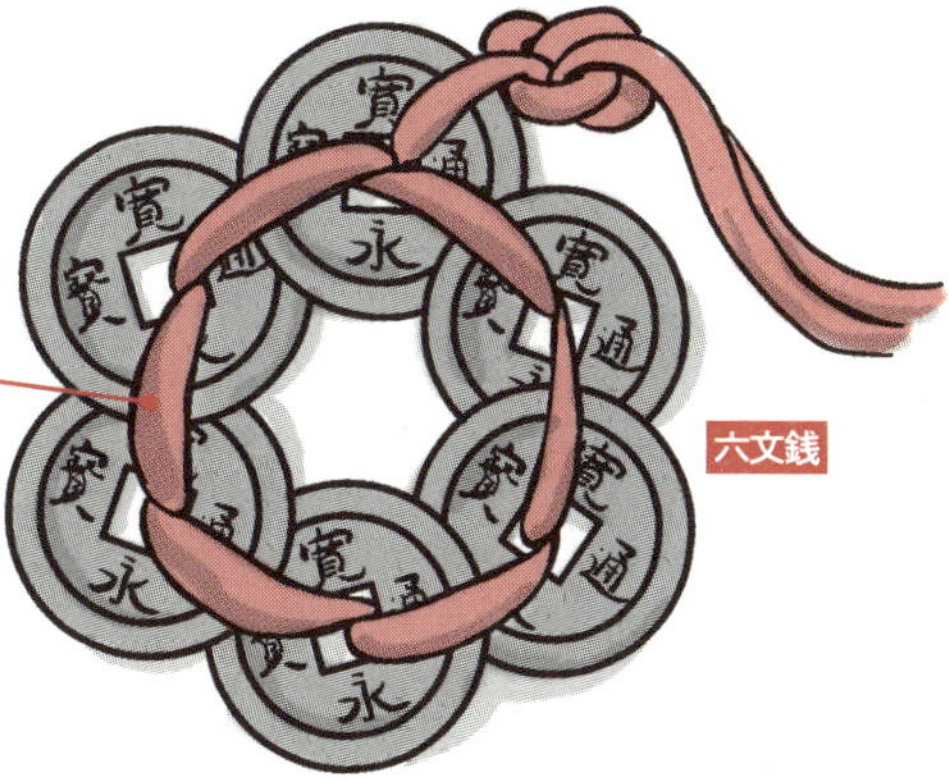

死出の旅
5

十王《じゅうおう》の裁きと六道

三途の川を渡ってあの世に来た者は、罪を裁かれたのちに転生先が決まる

五七日（死後35日目）に、第五回目の裁判を執り行う閻魔大王であるが、亡者に五回目の説法を行う地蔵菩薩が姿を変えているともいわれている。

三途の川を渡り終えた亡者は、冥界の王庁を訪れる。そこでは閻魔大王をはじめとした十王の裁きを受けることになる。日本のお寺に伝わる地獄絵には、その様子がさまざまに描かれているが、十王によって生前の罪が調べられ、六道のいずれに転生するかが決まる。

仏教では、「一切衆生悉有仏《いっさいしゅじょうしつうぶっ》性《しょう》」といい、生きとし生けるものは、すべて仏になる可能性を持っているとされる。

ただし、生まれたての子どもは純真無垢《じゅんしんむく》な心（本来の心は清く正しい）を持っているが、人生を送っている間に家族や自分を守るために罪を犯したり、煩悩《ぼんのう》によって魂が穢《けが》れたりしてしまう。

ゆえに仏教では、現世で穢れてしまった魂を生まれたときの

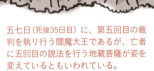

六道輪廻の世界

転生先		どんな世界？	生前の行い（転生する理由）
天道《てんどう》	三善道《さんぜんどう》	インドの神々が住む天界のことで、この世界に住む天人にも寿命がある。	生前に悪行を慎み、善行を重ねた者が転生する。
人道《にんどう》		人が住む人間界のことで、この世界に住む人間には生老病死の苦がある。	生前に五戒（ごかい、不殺生・不揄盗・不邪淫・不妄語・不飲酒）を守った者が転生する。
修羅道《しゅらどう》		鬼神アスラ（阿修羅王）の世界で、ここに転生するとみな戦い続ける。	憎しみにとらわれ、生前に戦いや争いごとばかりしていた者が転生する。
畜生道《ちくしょうどう》	三悪道《さんあくどう》	人間以外の生き物たちが住む世界で、動物のように愚かで家畜の労役に苦しむ。	生前に他人に与えることを知らず、猜疑心が強く恥知らずの者が転生する。
餓鬼道《がきどう》		飢えた餓鬼が住む世界で、いくら食べても決して満たされることはない。	生前におのれの欲望ばかりを求め、むやみに他人を嫉妬した者が転生する。
地獄道《じごくどう》		罪人が責め苦を受ける地下の牢獄。八大地獄などさまざまな地獄がある。	生前に殺生や盗みなどの罪を犯した者が転生する（詳しくは第1章を参照）。

子どものように浄化するためには、死後四十九日が必要であるといい、この期間を「中陰」と呼んでいる。

そして、一週間ごとにさまざまな仏から教えを受けて、穢れてしまった魂を浄化させるという。ゆえに、地獄絵には初七日《しょなのか》に秦広《しんこう》王と不動《ふどう》明王、二七日《にしちにち》に初江《しょこう》王と釈迦《しゃか》如来、三七日《さんしちにち》の宋《そう》帝《てい》王と文殊《もんじゅ》菩薩、四七日《ししちにち》に五官《ごかん》王と普賢《ふげん》菩薩、五七日《ごしちにち》に閻魔王と地蔵《じぞう》菩薩、六七日《ろくしちにち》に変成《へんじょう》王と弥勒《みろく》菩薩、七七日《しちしちにち》に泰山《たいざん》王と薬《やく》師《し》如来の姿が描かれているものが伝わる。

そうして死後に供養された人は、静かな安らぎが得られる。そうなることを「成仏《じょうぶつ》」と呼んでいる。

死出の旅

6

六道《ろくどう》からの解脱《げだつ》

迷いの六道から解脱し静かなる悟りの世界へ

第1段階
声聞《しょうもん》

お釈迦さまの教えを学びなさい

剃髪して出家し、釈迦の弟子になった者のように教えを聞いて、仏道修行をする者。

第2段階
縁覚《えんがく》

すべて原因があって結果が生まれる

「物事には原因があって結果が生まれ、つながりがある」という縁起（えんぎ）の法を知った上で、修行を続ける者。

ここまで、死後に生まれ変わる世界は六道といって六つあることを説明した。しかし、仏教では六道はすべて迷いの世界だとも説かれている。

とくに地獄道・餓鬼道・畜生道の三つは「三悪道」（p58）と呼ばれ、殺生をしたり、他人の食べ物を奪ったり、家畜を酷使したりした者がその罪の報いを受ける苦悩の世界である。

「三善道」（p58）とされる修羅道・人道・天道でも同様だ。修羅道は互いに争って傷つけあう世界で、人道も飢えや疫病に苦しめられた上に死ねば身体が醜く腐るので、やはり苦しみの世界とされた。そして、天道の神々でさえ、欲望に駆られるなどの迷いから離れておらず、天人《てんにん》五《ご》衰《すい》という苦悩がある。

解脱の道すじ

俗世間を離れず、自分が悟りを開くための修行のみならず、人々を救おうとする者。また、世の人々とともに解脱を目指す者。

みんなの幸せを願う
第3段階
菩薩《ぼさつ》

最終段階
仏界《ぶっかい》

修行を終えて、迷いの世界（六道）から解脱し、悟りと呼ばれる静かな境地に達した仏たちの世界。

ゆえに仏教では、修行を積むことで迷いの世界から解脱《げだつ》せよと説き、六道輪廻から解き放たれた先には安らかな仏界《ぶっかい》（極楽浄土のような世界）があるという。

その仏界に至るための修行には、「声聞《しょうもん》」「縁覚《えんがく》」「菩薩《ぼさつ》」という三つの段階があり、それを称して「修行の三界」と呼んでいる。

●声聞：釈迦《しゃか》の声（言葉）によって出家し修行する者。

●縁覚：釈迦の縁起《えんぎ》（因縁果報《いんがおうほう》）の教えによって出家し、修行を続ける者。

●菩薩：出家・在家《ざいけ》を問わず、広く人々を救う道を行く修行者。

この修行の三界を成就《じょうじゅ》した者は、静かな悟りの世界に至るという。この修行の三界と仏界に、六道を加えて「十界《じゅっかい》」と呼ぶ。

六道輪廻

1

餓《が》鬼《き》道《どう》

いくら食べても満たされない餓鬼たちが住む過酷な世界

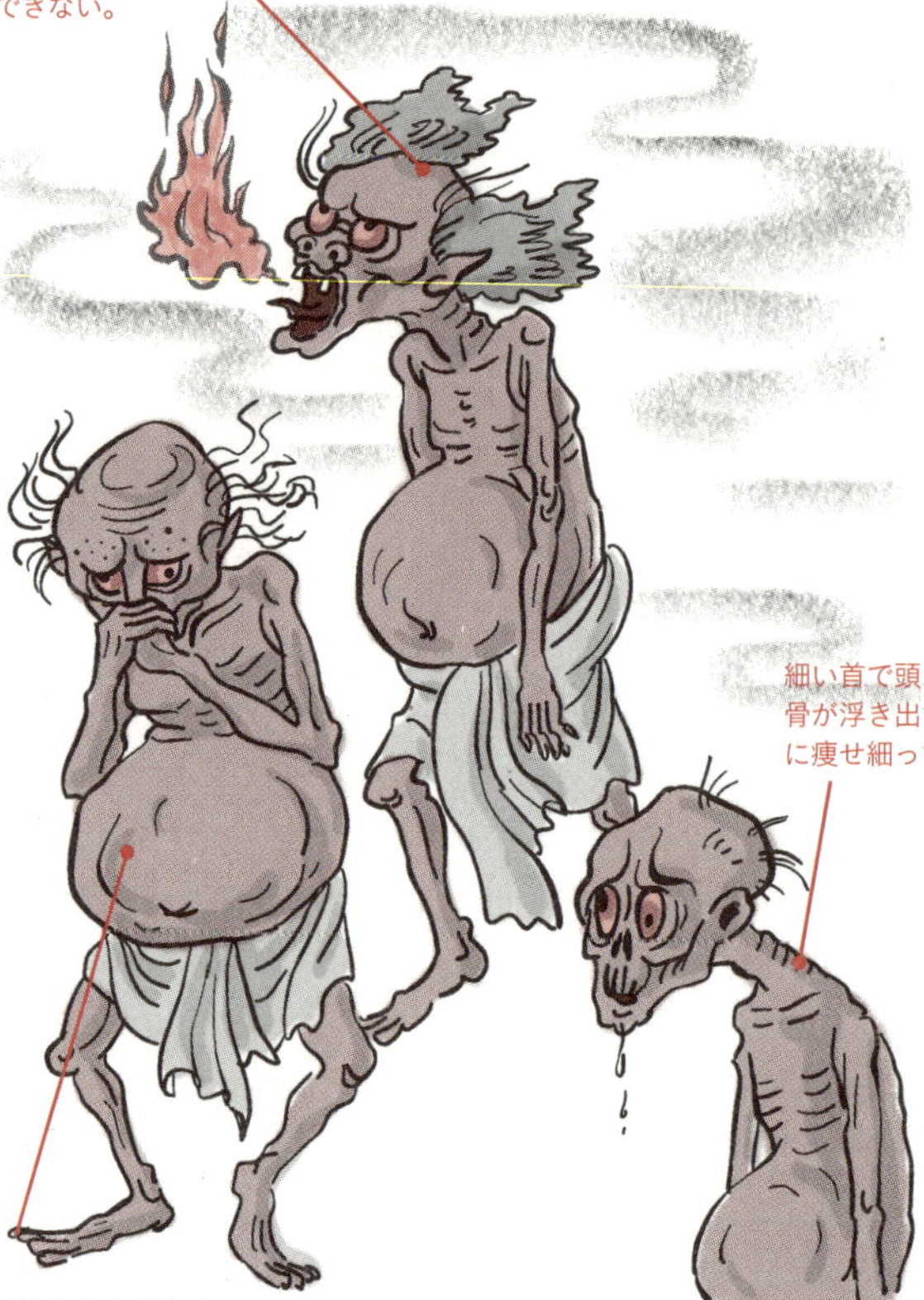
口から炎を出し続けている餓鬼は、ものを食べることができない。
細い首で頭を支え、骨が浮き出すほどに痩せ細っている。
お腹が大きくふくらんでいるのは、永遠に満たされることはない餓鬼の姿を表したもの。

罪

生前におのれの欲望ばかりを求め、他人のことを顧みなかった者が転生する世界。

六道輪廻の世界の一つ「餓鬼道」は、生前に物を惜しんだり、欲張りだったり、むやみに他人を嫉妬したりした者がおちる世界で、餓鬼は飢えに苛《さいな》まれる亡者（死後にさまよう亡者）のことである。

餓鬼は、いつも激しく飢渇《きかつ》していて、首はきわめて細く、身体も痩せ細っているが、お腹だけは大きくふくらんでいるのが特徴だ。

源信の『往生要集』では、餓鬼の数（種類）は非常に多くて、いろいろな姿の餓鬼がいるといい、いくつか例を挙げている。

たとえば「食吐《じきと》」という餓鬼は、人が嘔吐したものだけを食べる餓鬼で、その食べもの（嘔吐したもの）ですら、なかなか見つからずにつねに飢えている。ま

さまざまな餓鬼の姿

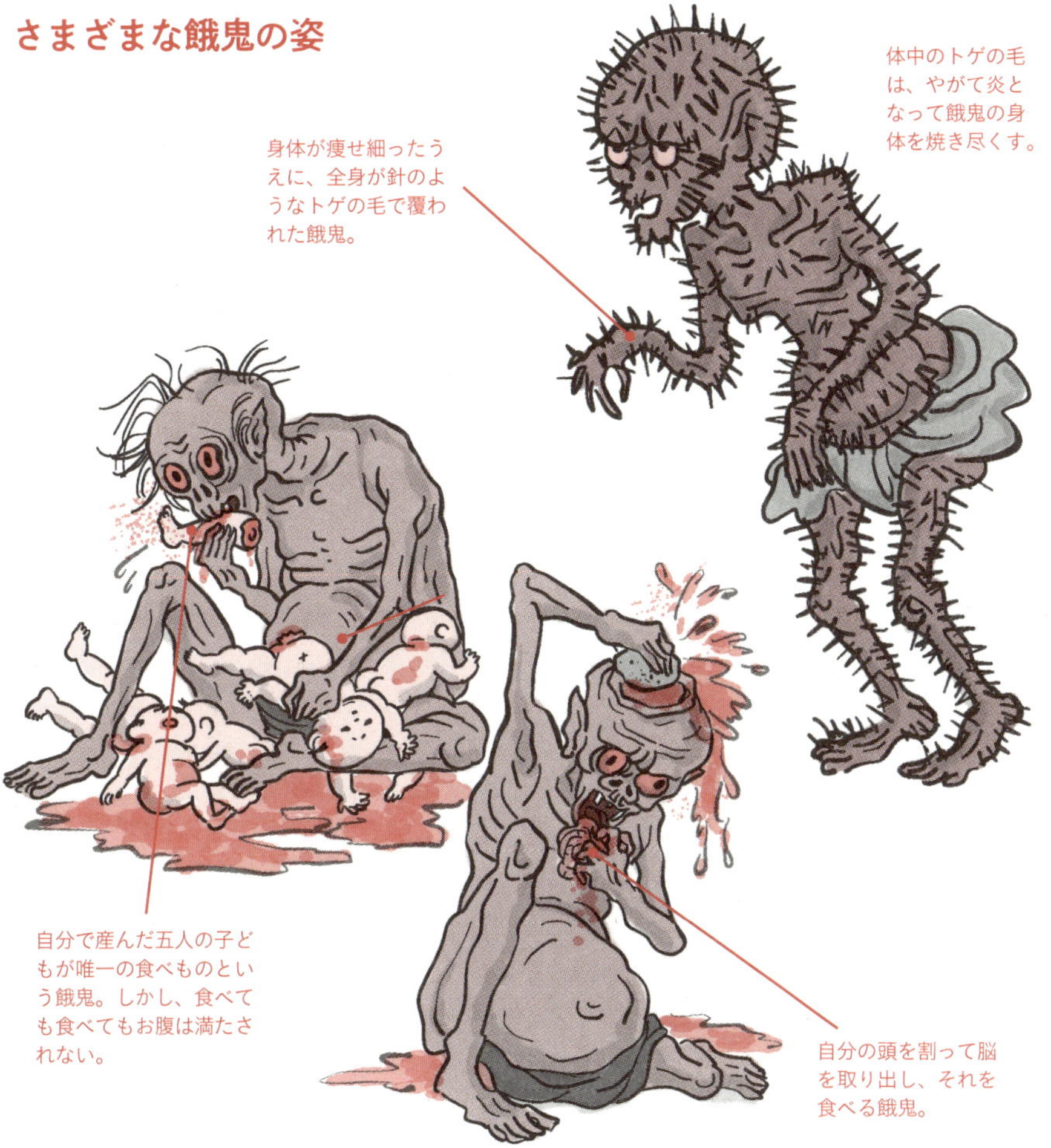
体中のトゲの毛は、やがて炎となって餓鬼の身体を焼き尽くす。
身体が痩せ細ったうえに、全身が針のようなトゲの毛で覆われた餓鬼。
自分で産んだ五人の子どもが唯一の食べものという餓鬼。しかし、食べても食べてもお腹は満たされない。
自分の頭を割って脳を取り出し、それを食べる餓鬼。

た、「食気《じきけ》」という餓鬼は、人々が供養のために焚《た》く線香の香りだけを食べて生きている。彼らは、生前に自分だけが美食三昧していた者たちである。

そのほか、一日に五人ずつ子どもを生み、その子どもを食べても、お腹は足りず飢えている餓鬼もいれば、自分の頭を割って、脳を取って食べるほかに食べものがない餓鬼もいる。

また、ある餓鬼は口が針の孔のように小さく、腹は大きな山のようにふくらみ、たとえ飲みものや食べものを見つけたとしても食べられない者もいる。清流を遠くに見つけて、水を飲もうと走っていっても、大力の鬼が杖で打つと水が火に変わり、たちまち涸《か》れてしまうので、喉の乾きを癒やすことすらできない。

満たされぬ餓鬼たち

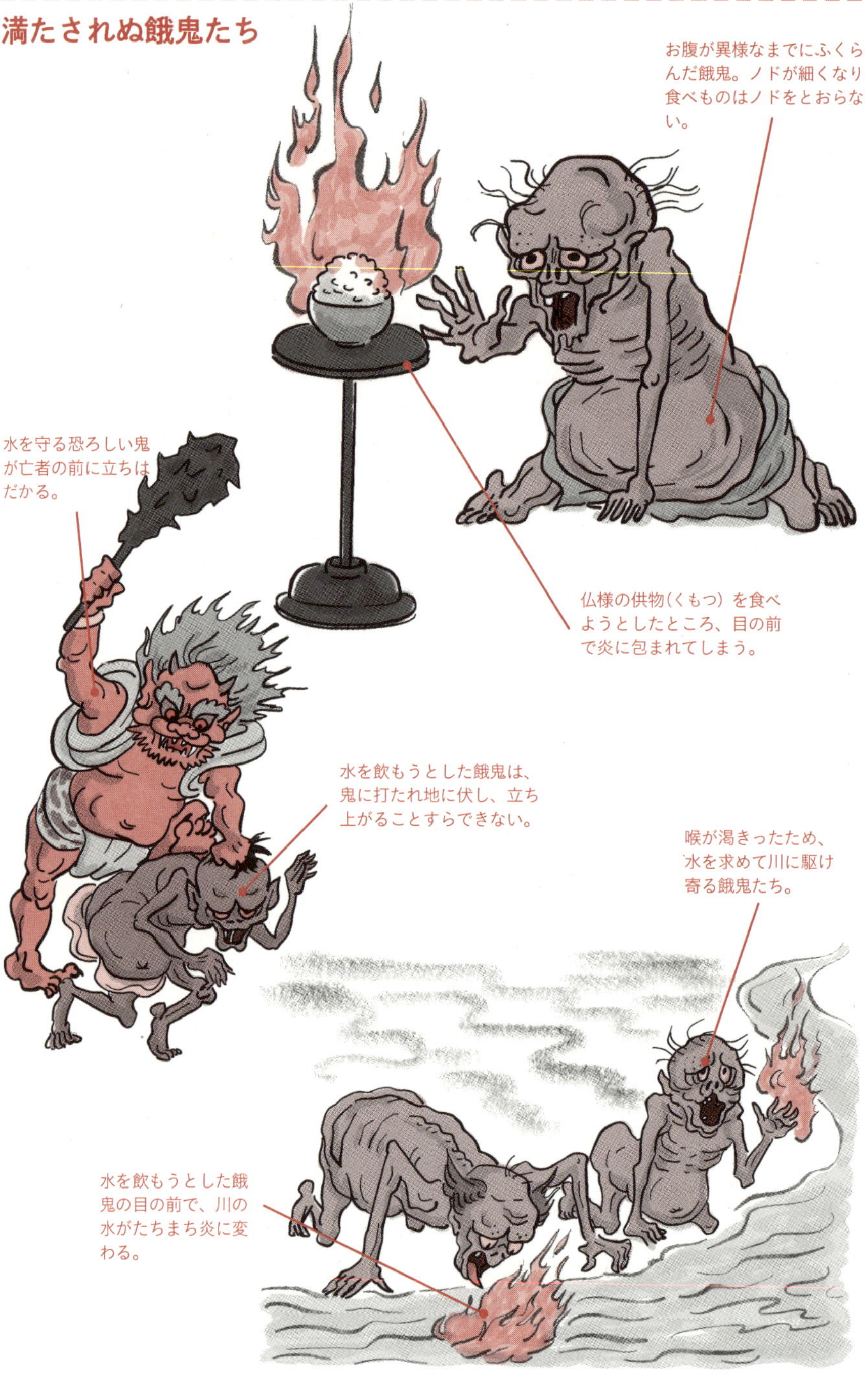
お腹が異様なまでにふくらんだ餓鬼。ノドが細くなり、食べものはノドをとおらない。
仏様の供物(くもつ) を食べようとしたところ、目の前で炎に包まれてしまう。
水を守る恐ろしい鬼が亡者の前に立ちはだかる。
水を飲もうとした餓鬼は、鬼に打たれ地に伏し、立ち上がることすらできない。
喉が渇きったため、水を求めて川に駆け寄る餓鬼たち。
水を飲もうとした餓鬼の目の前で、川の水がたちまち炎に変わる。

2 阿難尊者《あなんそんじゃ》と餓鬼

焔口《えんく》
阿難尊者の前に餓鬼が現れ、「お前は三日後に死んで、餓鬼道におちる」と告げた。
餓鬼の言葉を聞いた阿難尊者は、釈迦の教えにしたがい施餓鬼（せがき）の法会を行った。
阿難尊者

『救《く》抜焔口陀羅尼経《ばつえんくだらにきょう》』によれば、釈迦の高弟の阿《あ》難尊者《なんそんじゃ》(注)が静座して瞑想していたとき、焔口《えんく》という餓鬼が現れた。焔口は痩せ細っていて、口から火を吐いている。焔口は「お前は三日後に死んで醜い餓鬼に生まれ変わる」と阿難に告げたのである。

そのとき、阿難は釈迦如来《しゃかにょらい》に教えを求めると、「観音菩薩《かんのんぼさつ》の秘呪《ひじゅ》(呪文)を唱えて祈れば、一つの器の食べ物でも無限の食物となり、一切の餓鬼の空腹を満たす」ということを告げられたのであった。

阿難尊者は釈迦如来のいう通り観音菩薩の秘呪を唱えたことで命は助かり、餓鬼どもも救われたという。これがお盆の頃に寺で行われる施餓鬼《せがき》会《え》の由来とされる。

施餓鬼会は、食物を供えた精霊棚《しょうりょうだな》に「三界萬霊供養《さんかいばんれいくよう》」の札を立てる。餓鬼道の幽鬼《ゆうき》に限らず、有縁無縁《うえんむえん》の万霊《ばんれい》(あらゆる霊)が、成仏といわれる安らぎに至ることを祈る。

お盆の頃にお寺で行われる施餓鬼会では、三界萬霊供養の札を立てたり、三界萬霊供養の石塔の前でお経を唱えたりして、有縁無縁の霊の安らぎを祈る。

(注)阿難尊者：お釈迦様の従兄弟で十大弟子の一人。常にお釈迦様の説法を聞き、これを記憶していたことから多聞第一(たもんだいいち)と呼ばれた。

六道輪廻

2

畜《ちく》生《しょう》道《どう》

獣・鳥・魚・虫など人間以外の動物が住んでいる世界

弱肉強食の世界

人間以外の「獣類・鳥類・虫類」が住む畜生道では、獣類のキツネが、虫類の蝶をまさに食べようと狙っている。

犬がネズミを食べるように、畜生同士がたがいに食い合う、悲惨きわまりない世界だ。

蛇をつかまえ、まさに食べようとしている野生の獣であるが、その獣ですら猟師の弓に狙われ、その場で狩られる。

罪

他人に与える（施す）ことを行わず、生前に猜疑心が強く、恥知らずの者が生まれ変わる。

六道輪廻の世界の一つで、畜生道は生前に「猜疑心《さいぎしん》」すなわち相手の言動や行動を疑う気持ちが強かったり、恥知らずの者が生まれ変わる世界とされる。また、お布施《ふせ》を受けてもその心に応えようとしなかった者がおちる世界だという。

その世界には、人間以外の動物たちが住む世界とされ、『往生要集』では悲惨きわまりない世界を次のように記している。

●その種類は三十四億種にものぼり、「鳥類・獣類・虫類（魚や竜、蛇のたぐいも含む）」の三つに大きく分けられる。

●畜生の多くは海洋に住み、その他は人間界（人道）と天界（天道）に混じって住んでいる。

●魚は漁師に獲られ、野生の獣は猟師に狩られる。

薪《まき》を盗んだ人間が薪を運ぶ牛になる

平安時代初期に編まれた日本最古の仏教説話集『日本霊異記（にほんりょういき、p114）』には、死んで動物に生まれ変わる話が多く載せられている。たとえば恵勝（えしょう）という僧は、寺の湯を沸かすための薪を一束盗んで他人に与え、返さないまま死んでしまった。その後、恵勝はその寺の雌牛の仔に生まれ変わり、薪を運ぶ役牛（えきぎゅう）になったという（上巻第二十）。

このように、畜生道は家畜の境遇に転生する話が多い。なかでも、昔は身近な存在だった「役牛」が畜生の典型になっている。そこに生まれ変わる原因は、愚かにも因果応報の恐ろしさを知らず、他人から物を奪い、物惜しみをしたことだ。

説話では生前の行いにより、役牛に転生する話が数多く伝わる。
役牛

役牛とは、農耕などの作業に用いるために飼われていた牛のこと。昭和30年代に、トラクターを導入するなど農業の機械化が進み、日本の農村では役牛の姿がほとんど見られなくなった。

●象・馬・牛・ロバ・ラクダ・ラバなどの家畜は、鉄の鉤《かぎ》で脳天を割られ屠殺《とさつ》されたり、鼻の穴に轡《くつわ》、首に綱をつけられ重い荷物を乗せられたり、棒やむちで打たれる。ただ愚かで、飲む水や食べる草のことだけを思い、ほかのことは知らない。

●ゲジゲジ・イタチ・ネズミ・オオカミは、闇の中に生まれて闇の中に死んでいく。

●シラミやノミは、人の身体に生まれて人が死ねば自分も死ぬ。

●竜のたぐいは、昼も夜も身に熱を帯びて苦しみ、大蛇は多くの虫に食われる。

これらの生き物（畜生）は、強い者も弱い者もたがいに傷つけあい、血を飲んだり食いあったりしているので、畜生道には安らかな時など一切ない。

ケチで強欲なオンナが牛になった

頭上には、牛のごとく四寸(約12cm)もある大きな角が生えていた。
両手は牛の前脚のような形になり、爪は割れて蹄(ひづめ)のような形をしていた。
生き返った田中広虫女は、腰より上は牛で、腰より下は人間という姿に変わり果てた。

平安時代初期に完成した『日本霊異記《にほんりょういき》』には、生前の悪業によって動物に生まれ変わる話が伝えられている。その一つ、「牛になった女」の話を紹介しよう。奈良時代のこと、田中広忠《ひろただ》のむすめ（田中広虫女《ひろむしめ》）は、財産を多く持っていたもののケチで人に恵むことをしない。そして、高利貸で容赦なく金を取り立てた。その後、広虫女は病気で亡くなったが、家の者が僧を招いて毎日供養をしたところ、七日目に生き返った。ところが、生き返った広虫女の身体は腰から上が牛の姿となり、頭には角が生え、腕は牛の前脚となり、手は蹄のような形をし、悪臭を放っていたという。生前、強欲だった者の報いである。

前世がコオロギだった海蓮

壁につかまり、僧が唱える『法華経』を聞いていたコオロギが、このあと僧に押しつぶされてしまう。しかし、『法華経』の功徳で人間（海蓮）に転生する。
南《な》無《む》妙《みょう》法《ほう》蓮《れん》華《げ》経《きょう》～
コオロギ（海蓮）
法華経を唱える僧
僧坊で八巻からなる『法華経』を唱える僧がいた。その僧は七巻まで読み終えたところで、ひと休みする。壁にもたれかかると、コオロギを押しつぶしてしまった。

平安中期に編まれた『大日《だいに》本国法華験記《ほんこくほっけげんき》』には、前世がコオロギだった者が人間に生まれ変わった話が伝えられている。ある寺に『法華経』の暗《あん》誦《じゅ》を日課としていた海蓮《かいれん》という僧がいた。しかし、海蓮は八巻ある『法華経』の七巻までは暗誦できたが、最後の一巻がどうしても暗誦できない。

そんなある夜、海蓮の夢に菩《ぼ》薩《さつ》が現れ、「汝《なんじ》の前世《ぜんせ》はコオロギで僧坊の壁にいた」と告げ、その僧坊にいた僧が七巻まで『法華経』を読んだとき、壁に寄りかかりコオロギを押しつぶしてしまったという。そのコオロギは『法華経』を聞いた功徳で、人間（海蓮）に生まれ変わったが、第八巻は聞いていなかったため覚えられないのだという。

六道輪廻

3

修羅道《しゅらどう》

永遠に戦い続ける阿修羅たちが住む世界

阿修羅たちに襲いかかる天の神々たち。右の神は雷をおこす雷神で、左の神は風を司る風神だ。

修羅道に転生した者は、永遠と続く神々との戦い駆り出される。

罪

憎しみにとらわれ、戦いや争いごとばかりしていた者が、この世界に生まれ変わる。

修羅道は、生前に争いごとや殺戮《さつりく》を好んだ者が転生する世界とされる。また、「怒り（瞋《じん》）」「おごり（慢《まん》）」「愚かさ（痴《ち》）」といった煩悩《ぼんのう》を捨てきれなかった者がおちる世界とされている。

この「修羅」という言葉は、原語の「アスラ」に漢字を当てた「阿修羅」を略した言葉で、ルーツは、紀元前1500年頃のインドに遡る。

その当時、中央アジアの遊牧民であったアーリア人が、インド亜大陸の西北部へ侵攻し、さらにガンジス川流域のインド平原を支配するようになった。

そのアーリア人の神がインドラであった。インドラ（p26）は、古代インド神話『ヴェーダ』にも登場する恵みと戦いの神であ

阿修羅軍と神々の戦い

顔が三面で手が四本という三面四臂（さんめんよんぴ）で、筋骨隆々の姿をした鬼神・阿修羅。髪を逆立て、鬼のような形相で神々との戦いの指揮を執る。
阿修羅
阿修羅の手下になり戦いに明け暮れる者たちは、槍で突かれたり、刀で斬り殺されるが、すぐに蘇生し、再び戦いの中へ。
阿修羅軍の戦士となった亡者たちは、大太鼓を叩いて戦いを鼓舞する。

る。そのインドラは、アーリア人が征服した地にも広まり、在地の神々の上に君臨したのである。

　そうしてインドラは、古代インドの世界観で、「世界の中心にそびえる須弥山《しゅみせん》（p27）」の頂上に住み、四天王を率いる神々の帝王（仏教では帝釈天《たいしゃくてん》と呼ばれる）となったのである。

　しかし、アーリア人の神であるインドラを受け容れないインドの民もいた。

　それらの人々の中から、反逆の鬼神アスラ（阿修羅）の神話が生まれたのである。

　神話の中では、「アスラは非天《ひてん》（神にあらざる者）」とされ、鬼神として貶められるが、神々と戦うアスラの物語は人々の心を強くひきつけ、古代神話の中で多

アスラの姿

大きな口を開き、相手を威嚇するかのように前方を睨みつける阿修羅神。その額には、第三の眼がある。
髪を逆立て、激しい怒りの表情を見せる。また、頭上には小さな顔（小面）を載せている。
僧侶のように中央の二手で合掌し、他の二手で戦うための武器（宝棒など）を持つ。
雷神インドラと戦うアスラとして、それにふさわしい筋骨隆々の体を持つ。

くが語られたのである。

この阿修羅が住む修羅道について、『往生要集』では二つあると記されている。一つは、根本《こんぽん》の勝《すぐ》れた者（阿修羅）で、須弥山の北にある巨海の底に住むという。一方、支流の劣れる者（他の劣った阿修羅）は、（須弥山の周囲の大海に浮かぶ四つの大陸（四大洲）の間にある山の洞窟の中にいるという。

さらに『往生要集』では、「雲《うん》雷《らい》もし鳴れば、是《こ》れ天の鼓《つづみ》といいて畏怖《いふ》する（阿修羅たちは雲が湧いて雷が鳴れば、それを天の神々の軍鼓と思い畏《おそ》れおののく）」、続いて「常に諸天のために侵害せられ、あるいは身体を破りその命をほろぼす（常に阿修羅は神々に攻められ、身体を痛めつけられ、命を奪われたりすることもある）」と記されて

興福寺の阿修羅像

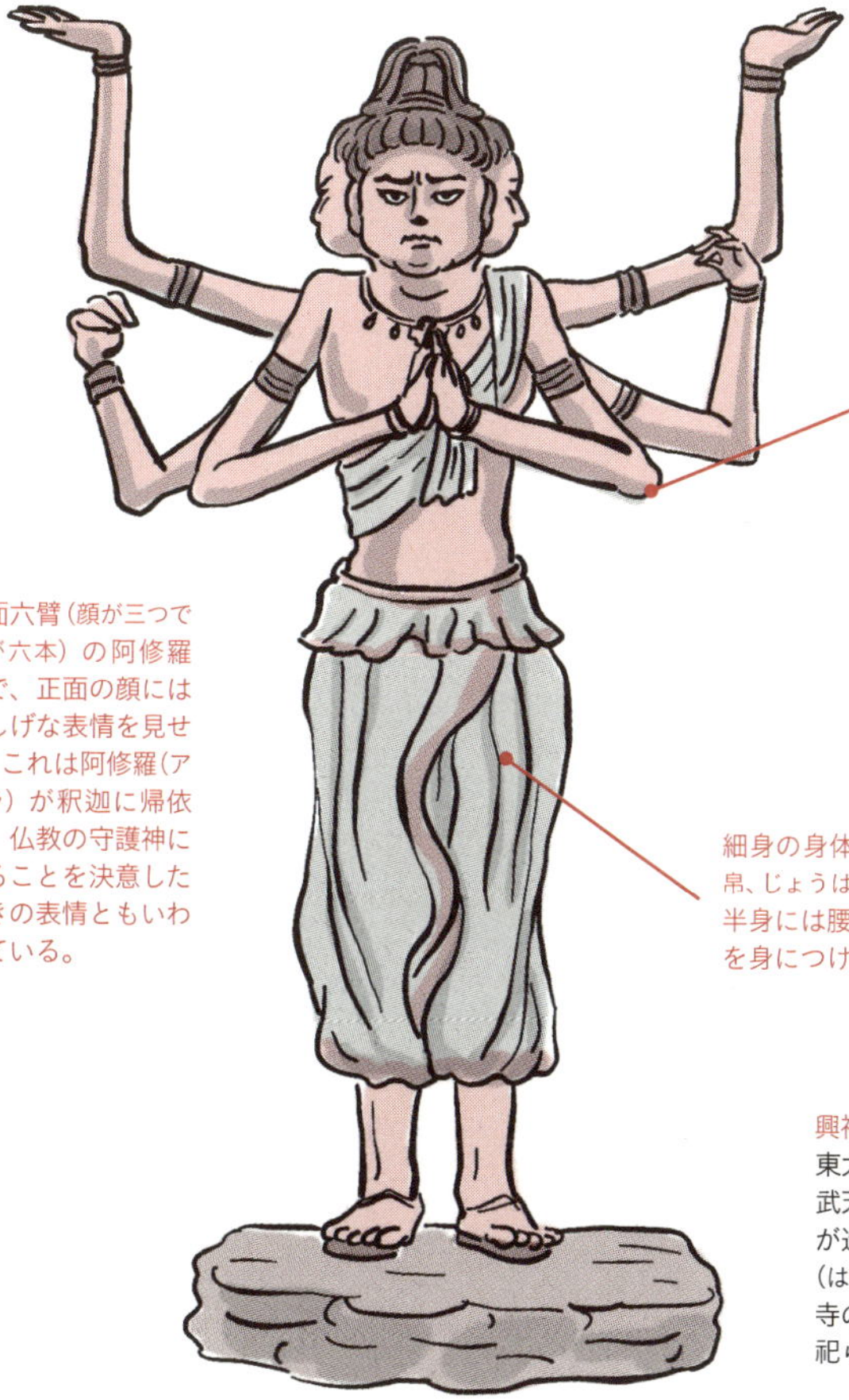
その姿は「シンメトリーの美」と称される奈良時代作の仏像で、少年のような仏ともいわれる。細長い腕が、ほぼ左右対称に伸び、中央の二手は胸前で合掌している。
三面六臂（顔が三つで手が六本）の阿修羅像で、正面の顔には悲しげな表情を見せる。これは阿修羅（アスラ）が釈迦に帰依し、仏教の守護神になることを決意したときの表情ともいわれている。
細身の身体に帯状の布（条帛、じょうはく）をまとい、下半身には腰を覆う裙（くん）を身につけている。

興福寺の阿修羅像
東大寺の大仏を造立した聖武天皇の后である光明皇后が造らせたと伝わる八部衆（はちぶしゅう）の一体。興福寺の西金堂（734年に創建）に祀られたものと伝わる。

いる。

　この記述は、はるか昔のインドで起こったアーリア人による征服、すなわち迫りくるアーリア人たちの軍鼓《ぐんこ》の響きに畏れおののいた、インドの民の恐怖を思わせる。

　アスラは仏教の経典にも登場し、畏怖《いふ》をこめて「阿修羅王」と呼ばれている。

　また、怒りと恐怖を抱いて戦い続ける鬼神アスラの仏像が日本各地の古寺に伝わっているが、有名な奈良・興福《こうふく》寺《じ》の国宝阿修羅像は、戦いの神というよりも悲しみを含み、おだやかで神妙な表情をしている。

　その理由は、アスラが戦いをやめて仏教に帰依し、守護神になることを決意したときの表情ともいわれる。

4 人道《にんどう》

人の肉体は醜い上に命は無常《むじょう》。そんな人間が住む世界

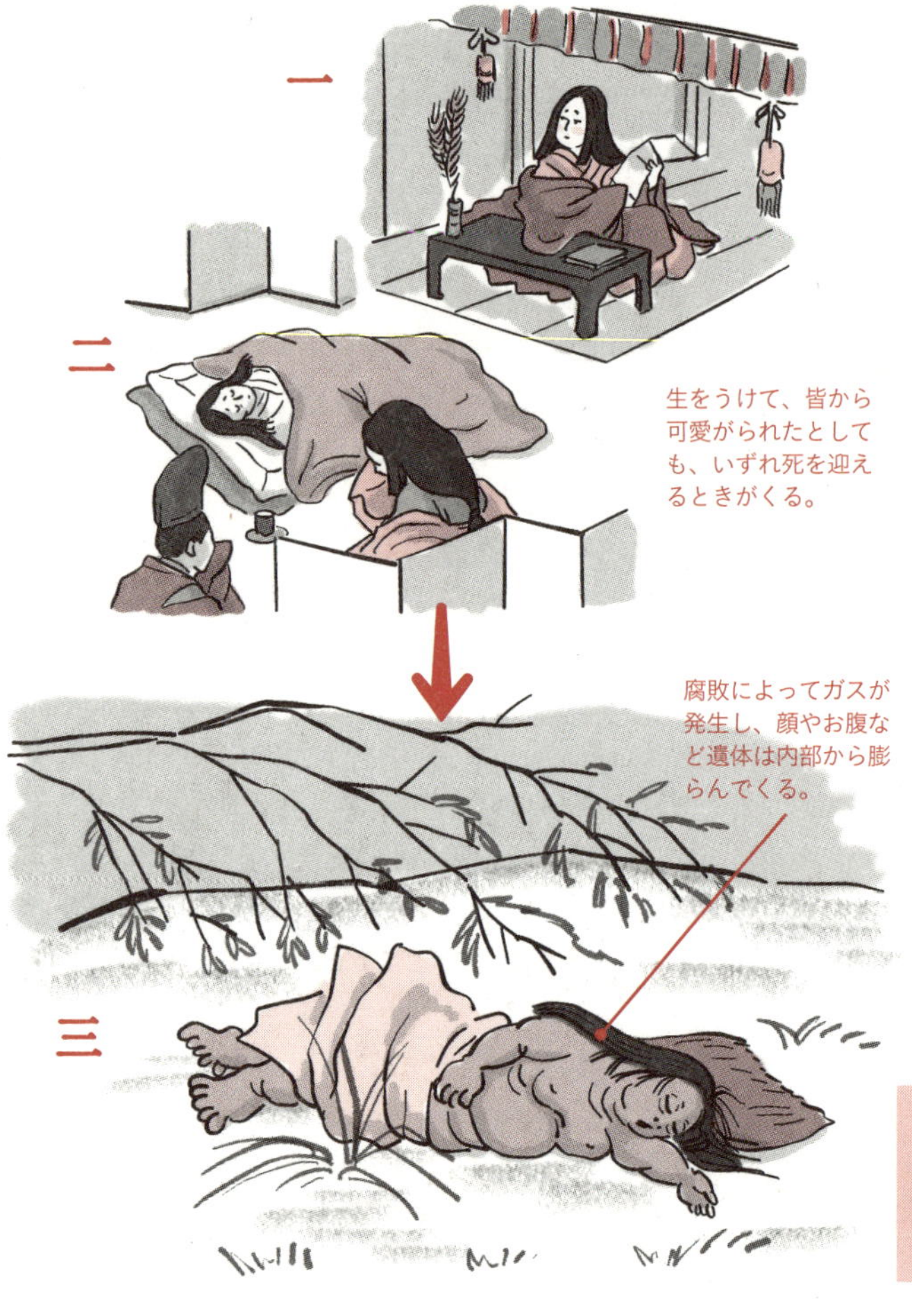
一
二
生をうけて、皆から可愛がられたとしても、いずれ死を迎えるときがくる。
三
腐敗によってガスが発生し、顔やお腹など遺体は内部から膨らんでくる。

罪

五戒（不殺生・不偸盗〈ふちゅうとう〉・不邪淫・不妄語・不飲酒）を守った者だけが転生する世界。

『往生要集』の第一章、「厭《おん》離《り》穢《え》土《ど》」では、八大地獄など地獄の描写がたくさん記されている。しかし、章題に使われている「厭離穢土（厭《いと》い離れるべき穢土）」とは、もっぱら人道（人間界）をさしている。

昨今、人間らしく生きるのは良いこととされているが、人道はもともと哀れな境遇とされてきた。

源信も『往生要集』の中で、人道（人間界）の「不浄《ふじょう》の相・苦《く》の相・無常《むじょう》の相」を見つめて、極楽浄土をねがい求めよ（欣求浄《ごんぐじょう》土《ど》）と述べている。

第一の「不浄の相」（ありさま）とは、人の肉体は汚いということ。それについて源信は――、「人の身体には、およそ三百六十個の骨があり、血管と肉片が泥

九相図《くそうず》に描かれた死と人間の姿

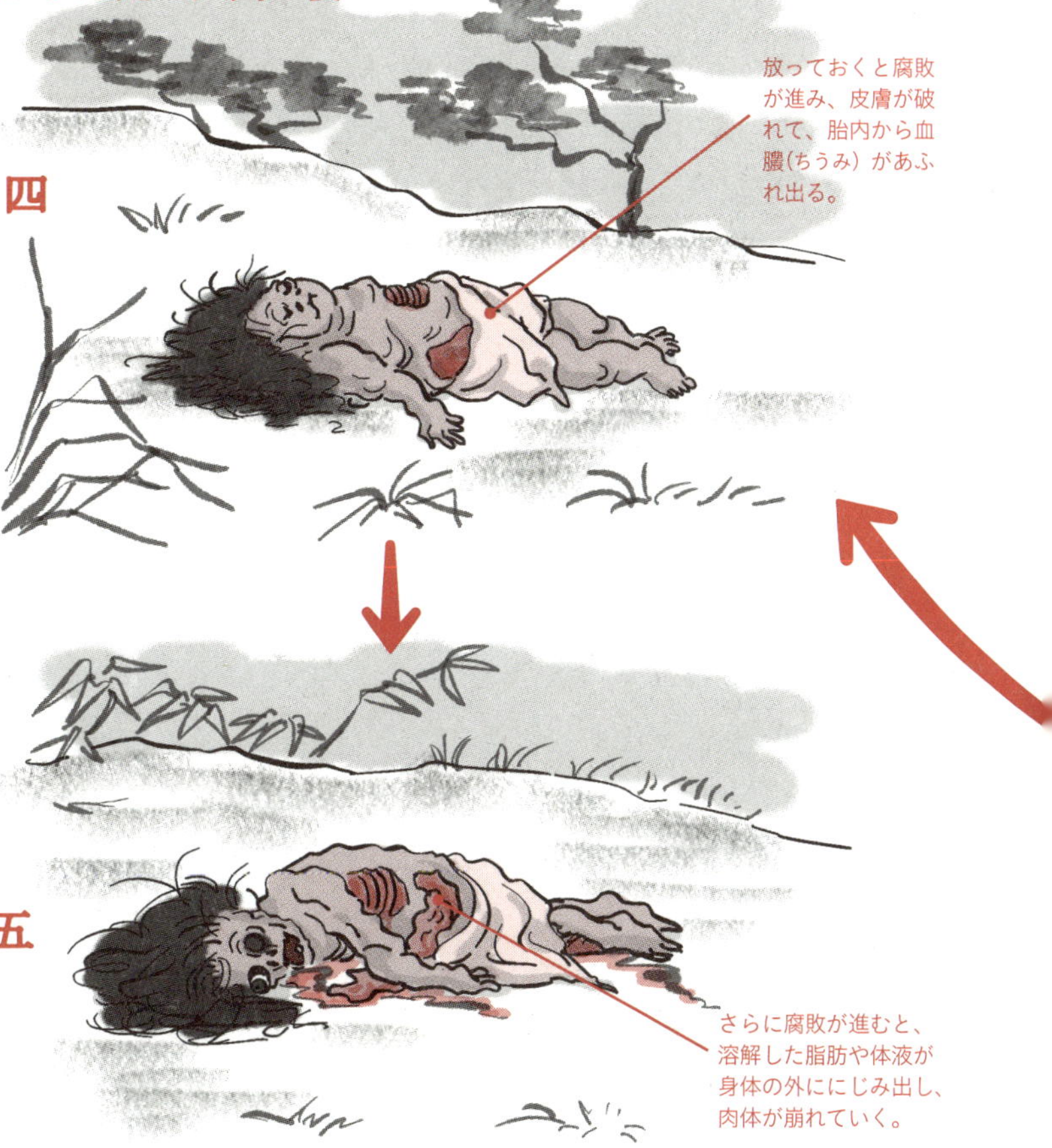
四
放っておくと腐敗が進み、皮膚が破れて、胎内から血膿(ちうみ)があふれ出る。
五
さらに腐敗が進むと、溶解した脂肪や体液が身体の外ににじみ出し、肉体が崩れていく。

九相図《くそうず》

死を迎える人と遺体の変化を九つの場面に分けて描いたもの。描かれている場面(絵柄)は作品ごとに異なり、さまざまな九相図が見られる。

土のようにまとわりついている。腹の中の五臓《ごぞう》は、葉が重なりあうように下になびき、大腸や小腸の赤と白がまじりあう様子は毒蛇がよじれているかのよう。たとえ美味なものを食べたとしても、一晩のうちに不浄《ふじょう》になるという。

糞尿《ふんにょう》が臭くて汚いように、人の身も汚い。その汚さは海の水を尽くして洗っても、きれいにすることはできない。外面を美しく飾っても、内には不浄なものが詰まっているので、美しく彩色した瓶に腐った糞を盛っているようなもの。

そして、人は死んでから数日で、遺体はふくれあがり、青黒くなり、腐りただれ、皮は破れて膿や血が流れ出る」と……。

平安時代、遺体を野に置く風《ふう》

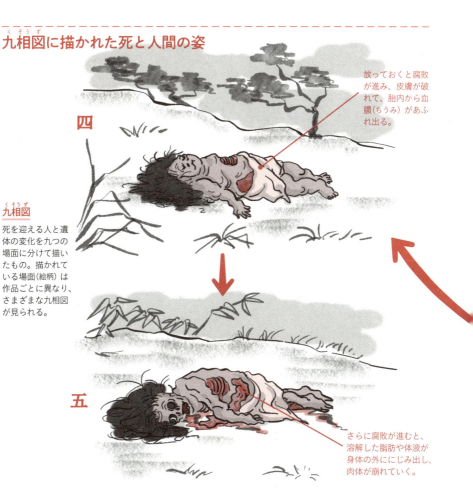

六

遺体にはウジなどの虫がわき、鳥や獣などに肉体が食われる。

七

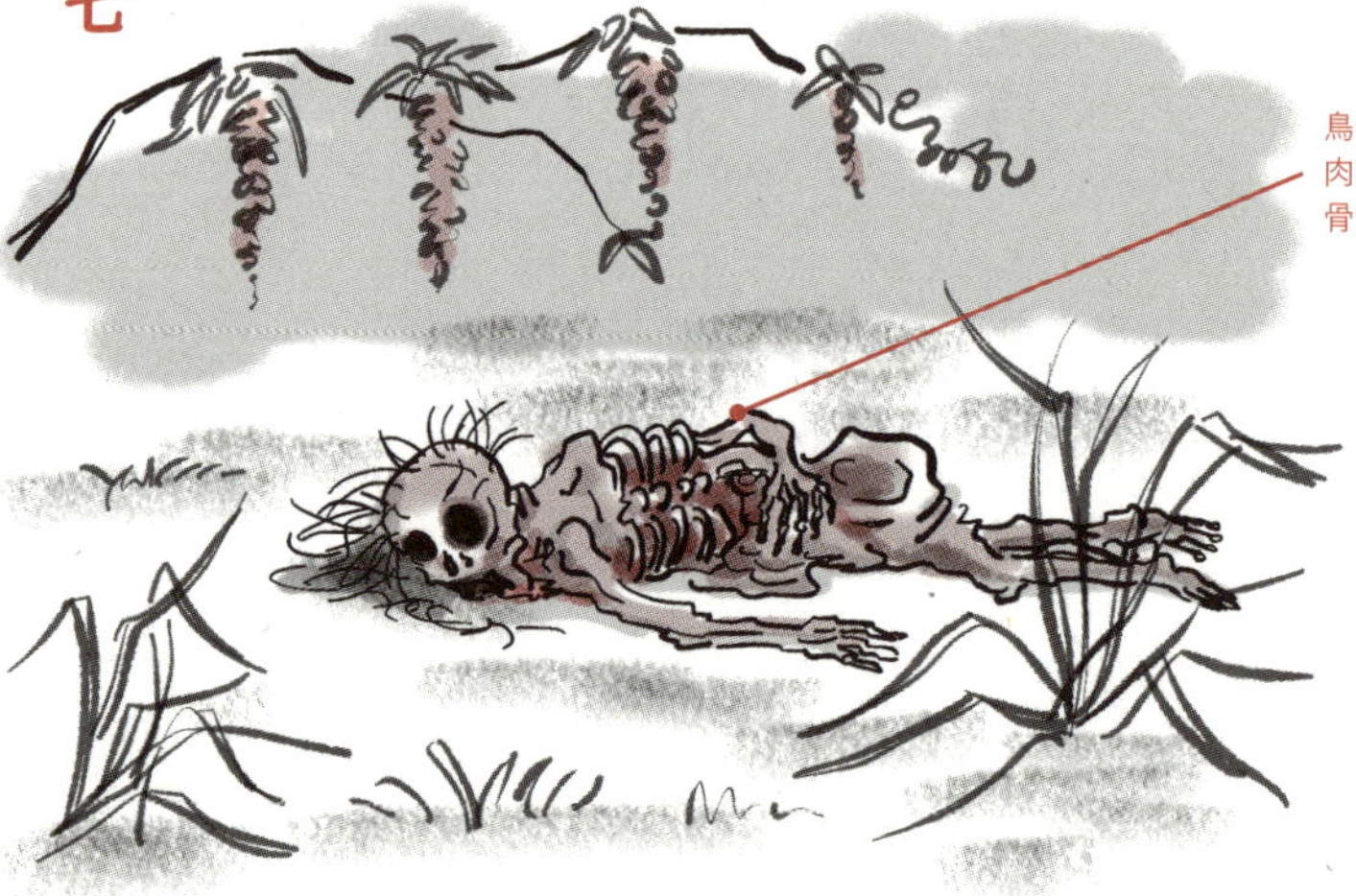
鳥や獣、虫たちに血肉は食い尽くされ、骨だけの姿になる。

葬《そう》が行われていたので、遺体はキツネや犬に食い荒らされ、ウジ虫が数知れずたかる。その悪臭は死んだ犬よりひどいと源信はいう。遺体は白骨になってばらばらになり、風に吹かれ、幾年かたつと泥土に混じってしまう。このありさまは、死と遺体の変化を九つの場面で描いた九《く》相図《そうず》に表されている。

次に人道の苦の相（ありさま）とは、文字どおり苦しみことで、「人間は生まれたときから、冬には寒風、夏には熱風に苦しみ、生《なま》剥《は》ぎにされた牛が囲いの壁に触れて苦しむかのようだ」といい、「眼・耳・腹・手足など身体の病気を内苦《ないく》、牢獄に囚《とら》われて鞭や棒で打たれたり、虻や蜂など毒虫に刺されたりすることを外苦《がいく》というなど、人間界の苦につい

生ける者はみな死にゆく

八
骸骨になった遺体は、風雨にさらされバラバラになる。

九
遺体は大地にかえり、この世には墓だけが残る。

てあらためて述べることはない」と源信は述べている。

続いて「無常の相」（ありさま）は、生きるものはみな死にゆくもので、どんなに寿命が長くても、必ず終わりが来るということ。

そのような無常を説く経典を、源信は『往生要集』の中でいくつも引用している。

釈迦は老《ろう》病《びょう》死《し》の苦悩から逃れる道を求めて出家したと伝えられるように、初期の仏教では老いや死が無常の様として語られ、古い経典にも記されてきた。

しかし、無常という言葉は、死や衰退ばかりを意味するものではなかった。日本人は、四季の移ろいも無常と受けとり、多くの和歌や随筆にしたため、平安時代には「滅びの美」として発展したのである。

六道輪廻

5

天道《てんどう》

神々が住む世界であるが、天界に転生してもやがて寿命は尽きる。

『往生要集』の天の項では、天道には欲界（よくかい）・色界（しきかい）・無色界（むしきかい）の三つがあるという。欲界は食欲や睡眠欲、性欲などに縛られた世界。色界は欲望から離れるものの、肉体や物質的なものにとらわれている境遇。無色界は深い禅定（静まり）の世界で、物質や肉体から離れているという。

神々が住む天界の一つで、帝釈天（インドラ）の世界とされる忉利天には、善見城（ぜんげんじょう）というきらびやかな王宮があり、宮殿の中央には帝釈天の玉座（ぎょくざ）がある。

罪

生前に悪行を慎み、善行を重ねた者が、天道に生まれ変わる。

天道とは、神々が暮らす天界のことで、貧民や病人を救済するなど善業《ぜんごう》（良いこと）を積んだ者が、この世界に転生することができるとされる。六道の中でも最上位に位置し、喜びに満ちた世界とされるが、天界に住む者にも必ず寿命が訪れるという。

葬儀のとき、故人の冥福を祈って「天国で安らかに」と告げる人も多いが、天国の至福（この上もない幸せ）も、寿命があるゆえ永遠に続かない。最上位の天界といわれる「有頂天《うちょうてん》」であっても、転落する危険を常にはらんでいるという。

源信は『往生要集』で、天界の上位に位置する「忉利天《とうりてん》」について次のように述べている。

「忉利天は快楽きわまりなしとい

神々が暮らす至福の世界「忉利天《とうりてん》」

善見城の外側にある雑林苑（ぞうりんえん）では、天人の不死の薬とされる甘露（かんろ、青・黄・赤・白の四種がある）を味わい、五妙（ごみょう）の音楽（声や香りなど五感のすべてが快い音楽）を楽しみ、味も香りもよい食べ物を好きに食べることができる。しかし、天界の住人にも五つの衰退（天人五衰）が表われ、やがて寿命を迎える。

うが、天人《てんにん》にも寿命があり臨終が近づけば五つの衰えが現れてくる。一は頭の飾りの花がしぼむこと。二には天衣《てんえ》が汚れてくること。三には腋《わき》の下に汗がでてくること。四には目がしばしば眩むこと。五には天の王宮にいても楽しめないことである」

忉利天とは、須弥山《しゅみせん》の頂上にある帝釈天《たいしゃくてん》（インドラ）の世界のことで、そこには神々が暮らす善見城《ぜんけんじょう》という王宮がある。しかし、そこにも右で述べた五つの衰え（天人五衰《てんにんごすい》）があるという。

そして、天界から去るとき、心に大きな苦悩を生じる。その辛さに比べると、地獄の苦しみでさえ十六分の一に満たないという。天界は楽しいところであるだけに、寿命が尽きるときは、ことさら辛い。

六道輪廻

6

今昔物語集《こんじゃくものがたりしゅう》と六道《ろくどう》

平安時代の物語を伝える日本最大の説話集

今昔物語集の中の地獄

猛烈な火炎の中、獄卒が蓮円の母の頭を鉄棒で突き刺していた……。

蓮円が母のために法華経を唱え続けると、母は天に生まれ変わった。

『今昔物語集』は、平安時代末に編まれたものだが編者は不明。全三十一巻からなる日本最大の説話集として知られる。江戸時代末に奈良で再発見されるまで手つかずで残されていたため、平安時代に伝えられた話がタイムカプセルのように保存されている。その中に六道の話も多くあるので、ここで地獄道と餓鬼道の話を紹介する。

●地獄の話（巻十九第二十八話）

大和《やまと》の僧、蓮円《れんえん》の母は悪女で、苦しげな顔で亡くなった。母のことを安じた蓮円は、法華経《ほけきょう》を読誦《どくじゅ》しながら諸国を行脚《あんぎゃ》した。すると夢で地獄の城門を見た。

鬼が扉を開けると、猛烈な火焔が吹き出す。その火炎の中で、獄卒に鉄の棒で突き刺されている母の頭を見たのである。そし

今昔物語集の中の餓鬼

眼や鼻、身体から長さ数十丈の火焔を放っている。
とにかく巨大で身の丈が十丈（約30m）におよぶという。
口は垂れさがり野猪（やちょ）のよう。
大声で叫び、東西に駆け回っている。

て、母は「私は地獄におちたが、お前が法華経を読誦した功徳《くどく》のおかげで、天に生まれ変わることになった」といった。

●餓鬼道の話（巻二第三十七話）

満足《まんぞく》という尊者が神通力で餓鬼界に行って、一人の餓鬼を見た。餓鬼の姿は身の毛がよだつほど恐ろしい。その身は十丈《じゅうじょう》（約30m）ほどあり、眼・鼻・身体の節々から、長さ数十丈の火焔を放っている。

尊者が「おまえは前世にどんな罪をおかしたのか？」と問うと、餓鬼は「私は沙門《しゃもん》（僧）でしたが、欲が強くて寺の建物を立派にすることにこだわりました。また、豪族の出でしたが、僧に悪口をいって布施もしませんでした。このため、餓鬼道におちたのです」と答えた。

賽《さい》の河原《かわら》のお地蔵さん

親たちの供養によって、賽の河原に地蔵菩薩が現れ、親代わりになって子どもたちを慰めてくれる。
地蔵菩薩
地獄の鬼
石を積む子どもたち
幼くして亡くなった子どもは、親不孝の罪により、地獄の賽の河原におとされる。そして、毎日毎日、河原の石をせっせと積む。
地獄の鬼が、子どもたちが積み上げた石を鉄棒で崩してしまう。

六道輪廻

7

地《じ》獄《ごく》の仏・地《じ》蔵《ぞう》菩《ぼ》薩《さつ》

地獄まで来て子どもたちを救う庶民の味方〝お地蔵さん〟

親より先に子どもが亡くなると、冥界の一角にある賽《さい》の河原《かわら》へおとされる。なぜなら、母親に産みの苦しみを与えたことや生まれた後に育てる苦労をかけたこと、そして親の恩に報いずに亡くなったからだ。

賽の河原の子どもたちは、せめて父母に恩を返そうと、「一重《ひとえ》積んでは父のため、二重《ふたえ》積んでは母のため」といいながら石をせっせと積んでいる。石を積むことは、仏塔《ぶっとう》を築くことでもあるので功徳《くどく》（注）もある。しかし、夜になると地獄の鬼が鉄棒を振り回ながら、「子どもと思うて甘えるか」と怒鳴り、子どもたちが積んだ石積みを崩してしまう。

くわえて地獄の鬼は、「いくらそんなことをしても無駄だ。親はお前が死んだといって、泣き

(注)功徳：善行(よい行い)を積むことで得られるもの。現世や来世に幸福をもたらす。

地獄の仏・地蔵菩薩像

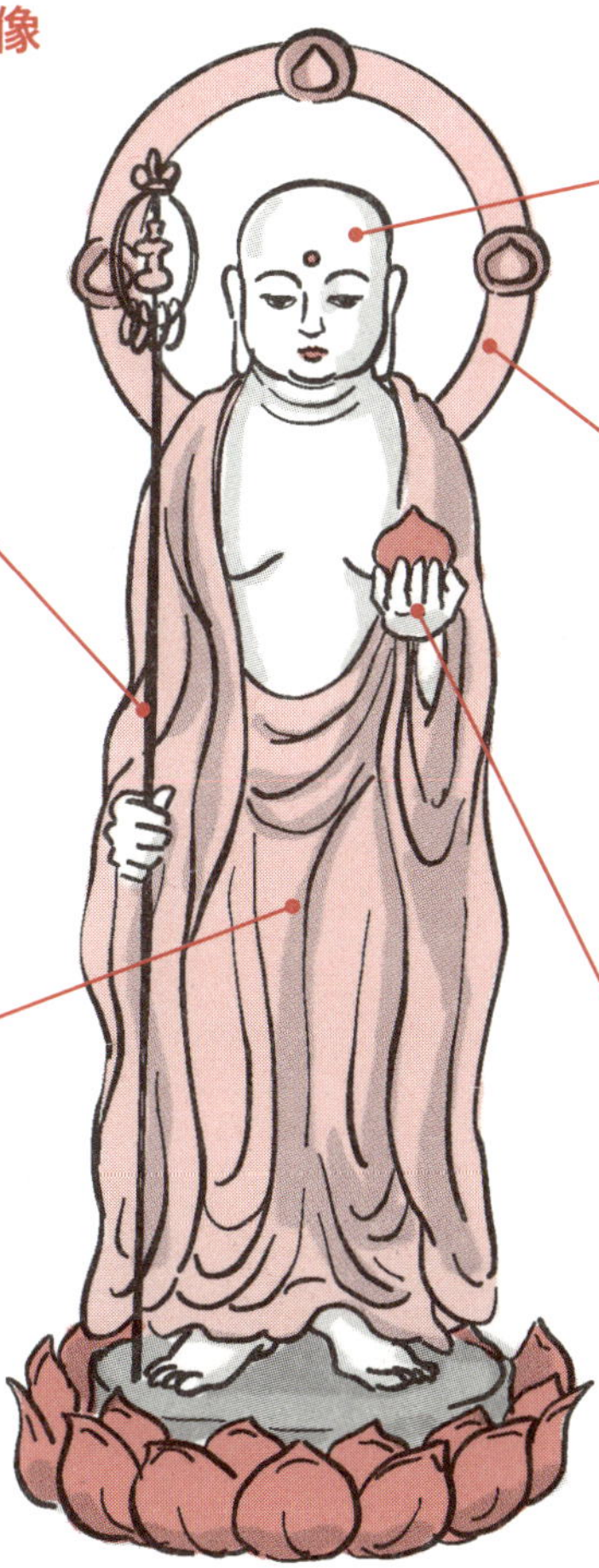
僧侶のように剃髪し、額に釈迦(仏)の化身であることを表す「白毫(びゃくごう)」をそなえている。
頭の後ろにある丸いものは、光背(こうはい)といって、地蔵菩薩が光明を放つ様を表している。
右手に持つ錫杖(しゃくじょう)は、先端に鈴がついていて、歩く毎に音が鳴ることから、魔除けの意味があるといわれる。
地蔵菩薩が身にまとっている質素な衣は袈裟(けさ)といい、僧侶が身につけている法衣(ほうえ)と同じだ。
左手に桃の実のような形をした「如意宝珠(にょいほうじゅ)」を載せている。これは、あらゆる願いを叶えるという地蔵菩薩の功徳を表したもの。

の涙で毎日を暮らしている。それも百箇日までなら許せるが、今日で一年半も泣き暮らしているではないか。親の未練の涙が、お前の成仏《じょうぶつ》を妨げておるのだ」と怒る……。

しかし、嘆き悲しむ親たちの供養によって、賽の河原に地蔵《じぞう》菩薩《ぼさつ》が現れ、「これからは私を冥界の親と思え」といって子どもを抱き上げ、救ってくれるという。子どもたちにとって、地蔵菩薩はまさに「地獄の仏」だ。

賽の河原とお地蔵さんの話は、鎌倉時代に創作された『地蔵十《じぞうじゅう》王経《おうきょう》』や『賽の河原《かわら》地蔵《じぞう》和讃《わさん》』などが起源と考えられている。

以後、お地蔵さんの話は広く知られるようになり、地獄絵の中に地蔵菩薩の姿が描かれるようになった。

地獄の仏

六地蔵

六体の地蔵菩薩像が横一列に並んでいるものを「六地蔵」と呼ぶ。この六地蔵は、六道すなわち「地獄道・餓鬼道・畜生道・修羅道・人道・天道」へとつながる辻（六道の辻）にそれぞれが立ち、六道に住むすべての人々を救うという。

地獄の仏

京都六地蔵

京都には、「六地蔵」の名で信仰されてきた六体の地蔵菩薩像が伝わる。その起源は平安時代に遡る。849年、和歌や書で知られる貴族の小野篁（おののたかむら）が熱病で仮死状態になり、地獄をさまよっていたところ、地蔵菩薩に出会ったという。その後、病気が平癒し生きながらえた篁は、亡者を救う地蔵菩薩の姿を見て、六体の地蔵菩薩の造立を発願し、京都伏見の大善寺に安置したという。

時代が下り平安時代末、後白河法皇が平清盛に命じて、大善寺にあった六体の地蔵菩薩のうち、五体を都の入り口にあたる街道筋に移すよう命じた。以後、六地蔵めぐりの風習が今に伝わる。

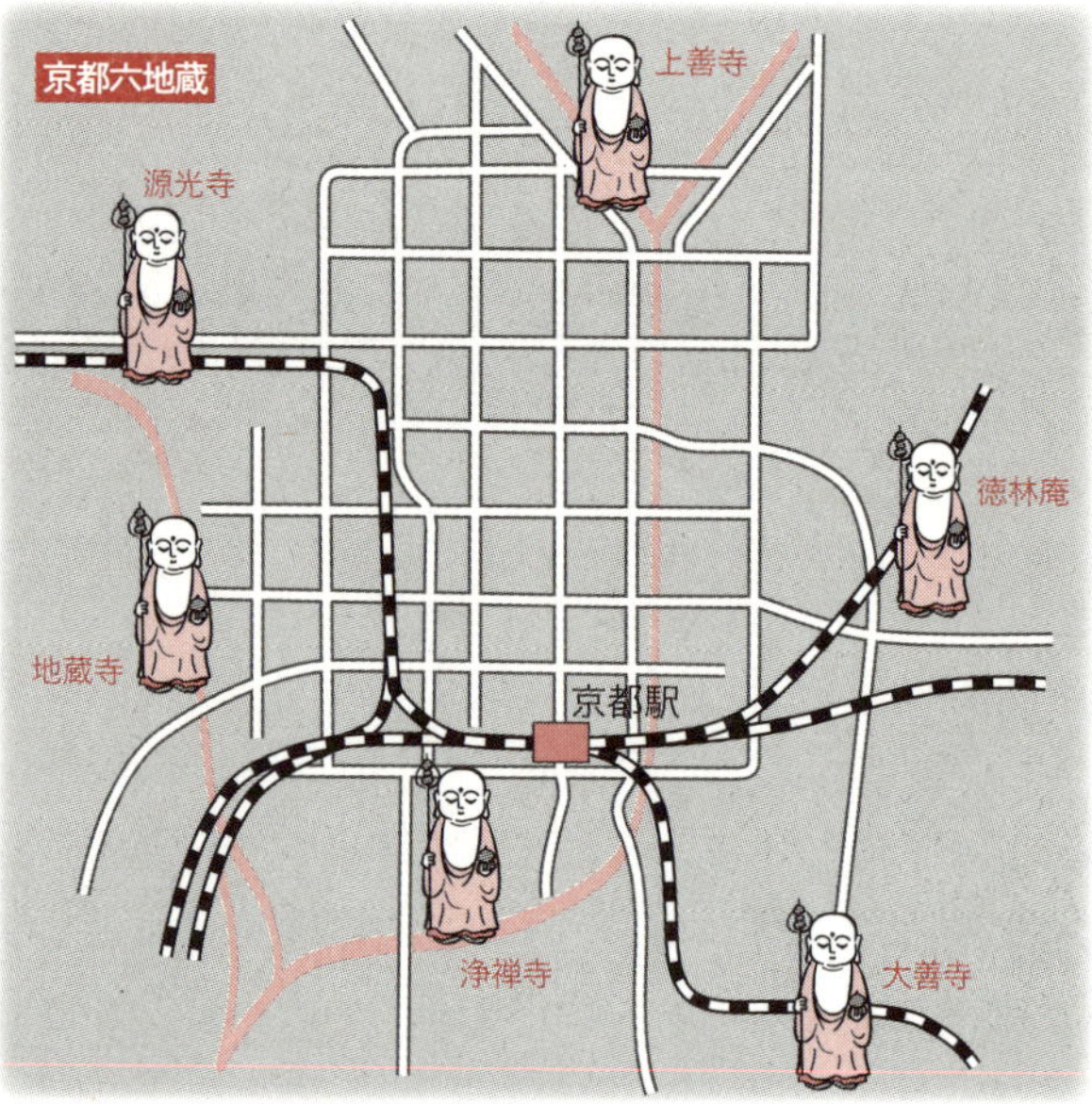

京都六地蔵は、大善寺（だいぜんじ）の伏見六地蔵（ふしみろくじぞう）、浄禅寺（じょうぜんじ）の鳥羽地蔵（とばじぞう）、地蔵寺（じぞうじ）の桂地蔵（かつらじぞう）、源光寺（げんこうじ）の常磐地蔵（ときわじぞう）、上善寺（じょうぜんじ）の鞍馬口地蔵（くらまぐちじぞう）、徳林寺（とくりんじ）の山科地蔵（やましなじぞう）からなり、京都に入る街道筋に祀られている。

地獄の仏

閻魔大王と地蔵菩薩

三途の川を渡ってきた亡者の罪を裁き、刑罰を与える地獄の番人と称される閻魔大王であるが、じつは地蔵菩薩が姿を変えて閻魔大王になっている（地蔵菩薩の化身）ともいわれている。そして、生前の罪があるゆえ、仕方なく亡者を地獄へおとすのだと悲しんでいるという。

それゆえ、日本に伝わる地獄絵や十王図などには、閻魔大王とともに地蔵菩薩の姿が描かれているものもある。

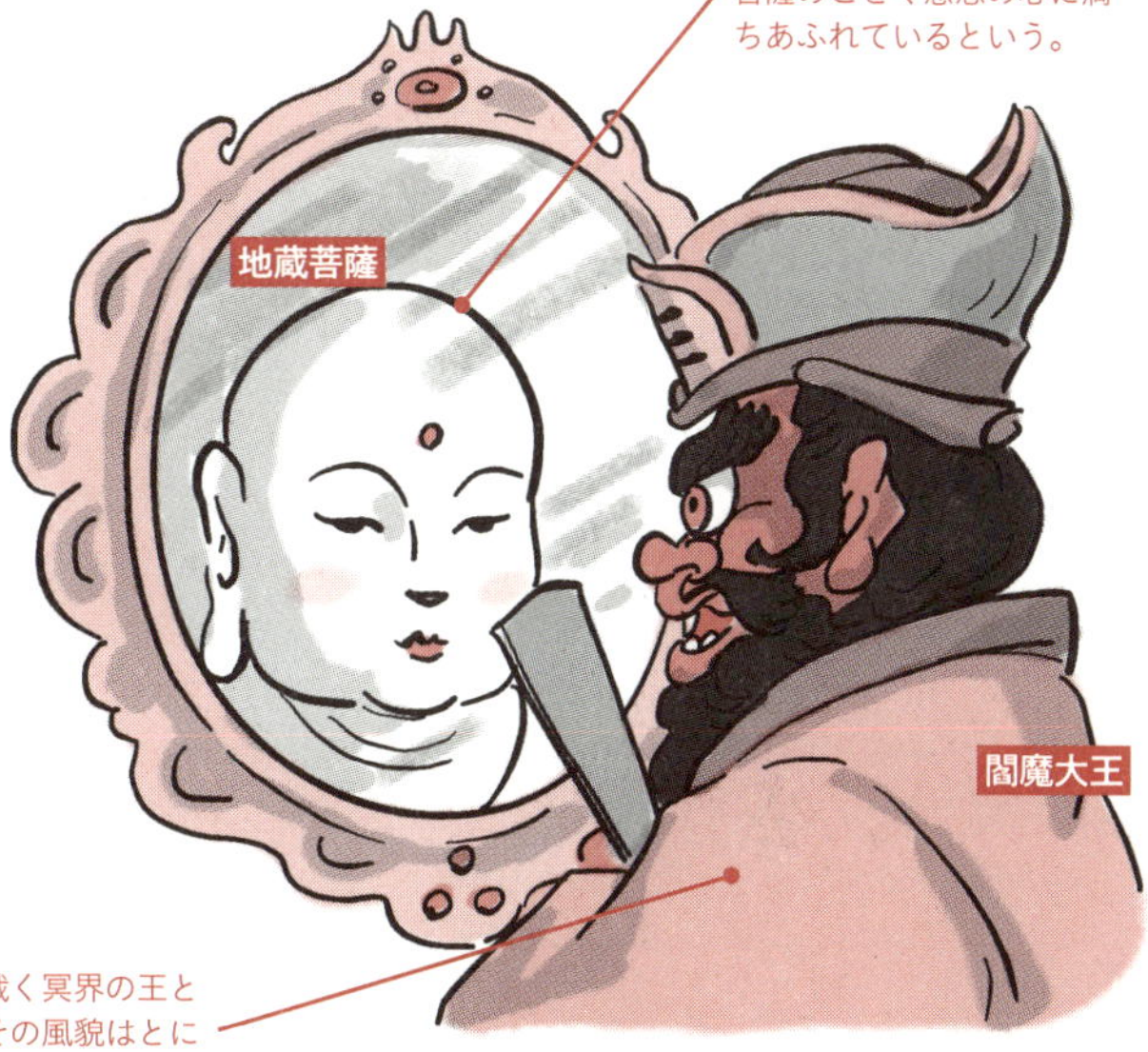
閻魔大王の心の内は、地蔵菩薩のごとく慈悲の心に満ちあふれているという。
地蔵菩薩
閻魔大王
死者を裁く冥界の王として、その風貌はとにかく恐ろしい。

地獄の仏

延命《えんめい》地《じ》蔵《ぞう》菩《ぼ》薩《さつ》像《ぞう》

閻魔大王が祀られているお堂の片隅に、片脚を踏み下げた地蔵菩薩像を見かけることがある。この仏像は「地蔵菩薩半跏像（はんかぞう）」といい、右手に錫杖を持ち、左足を踏み下げた姿をしている。『延命地蔵菩薩経』によると、この地蔵菩薩は地獄まで行き苦しむ人々を救い、『延命地蔵菩薩経』を読誦する者がいれば、その人を悟りの道へ導くという。

人々の願いを必ず叶えるという如意宝珠を左手に載せている。
地蔵菩薩半跏像
ごつごつした岩の上（岩座）に右足を乗せ、左足で大地を踏みつける独特のポーズをしている。

阿《あ》弥《み》陀《だ》仏《ぶつ》と地《じ》獄《ごく》絵《え》

雲に乗った仏が空から舞い降りて来る。地獄の世界と極楽の仏たち

聖衆来迎図《しょうじゅらいごうず》

中央のひときわ大きな仏が阿弥陀如来だ。蓮の花を象った蓮華座の上に立ち、雲に乗って来迎する。両手の親指と人差し指の先をくっつけ、OKマークのような形の印を結んでいるが、これは来迎印といって、阿弥陀如来が臨終を迎えた者を極楽浄土へ導くために来迎したことを表している。

美しい衣(天衣) を身に纏い、蓮華座の上に立ち、阿弥陀如来とともに雲に乗って極楽浄土からやって来た諸菩薩の姿が描かれている。諸菩薩は合掌する者、蓮台を持つ者、琵琶を奏でる者、笛や笙を吹く者、太鼓を叩く者など、さまざまな姿を見せる。

地獄の仏といえば地蔵菩薩であるが、地獄の様子とともに阿弥陀如来《あみだにょらい》と諸菩薩《しょぼさつ》の姿や極楽浄土を描いた仏画もあり、それを「地獄極楽絵《じごくごくらくえ》」と呼んでいる。

第1章で説明したように、『往生要集』の第一の章（大文第一）「厭離穢土《おんりえど》」では、八大地獄を中心に地獄の世界を詳しく説いているが、続く第二の章（大文第二）では「欣求浄土《ごんぐじょうど》（浄土を願い求めよ）」と題して、仏の国のことを説いている。

その冒頭で、「極楽という仏の国に住む者の功徳は計り知れないほど多い（無量《むりょう》）」といい、「いま十の楽《らく》（喜び）をあげるが、往生極楽の無量に比べれば、一本の毛で大海の水をしたたらせるようなもの」だという。

阿弥陀三尊像《あみださんぞんぞう》

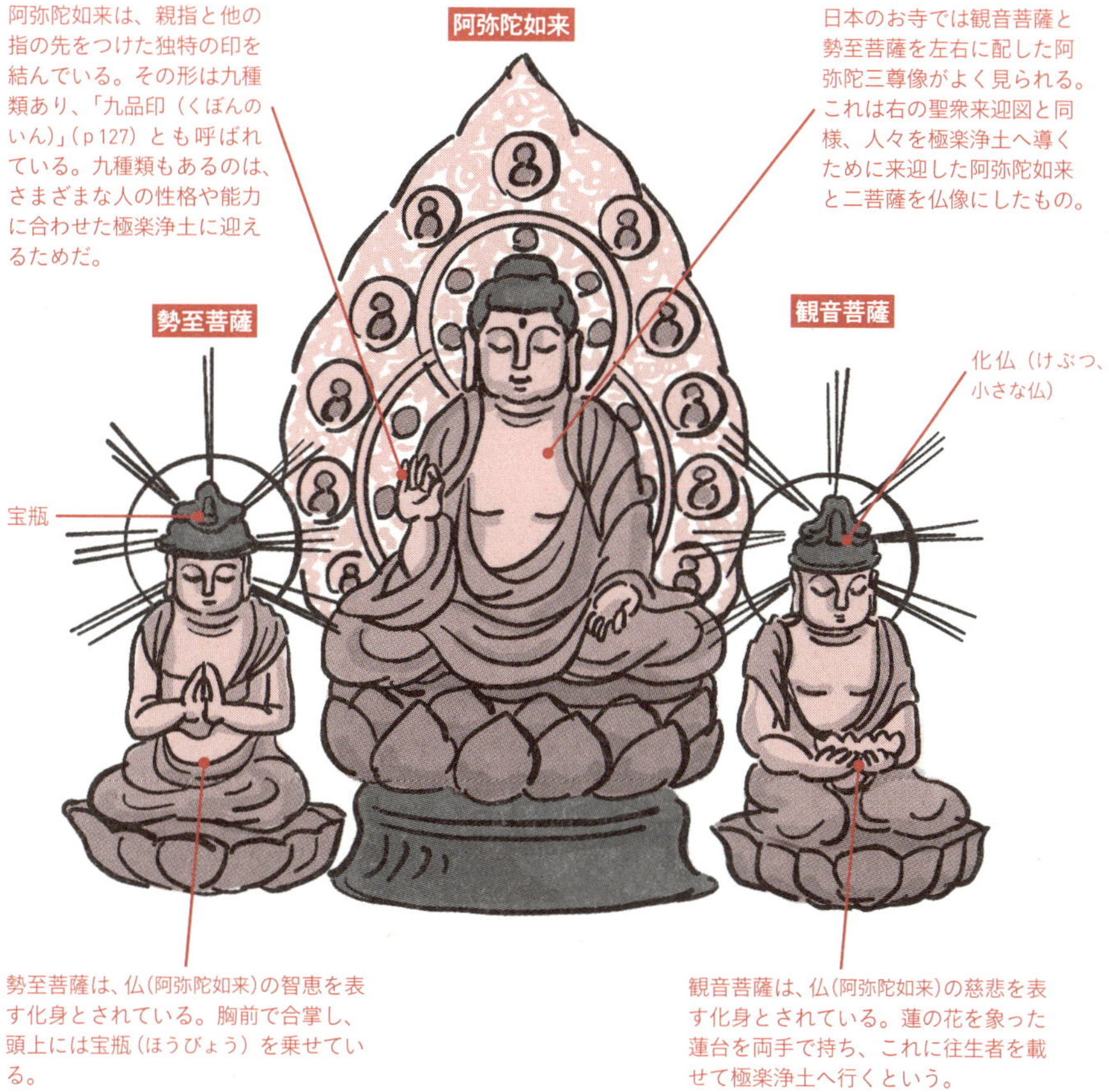
阿弥陀如来
阿弥陀如来は、親指と他の指の先をつけた独特の印を結んでいる。その形は九種類あり、「九品印（くぼんのいん）」（p127）とも呼ばれている。九種類もあるのは、さまざまな人の性格や能力に合わせた極楽浄土に迎えるためだ。
日本のお寺では観音菩薩と勢至菩薩を左右に配した阿弥陀三尊像がよく見られる。これは右の聖衆来迎図と同様、人々を極楽浄土へ導くために来迎した阿弥陀如来と二菩薩を仏像にしたもの。
勢至菩薩
観音菩薩
化仏（けぶつ、小さな仏）
宝瓶
勢至菩薩は、仏（阿弥陀如来）の智恵を表す化身とされている。胸前で合掌し、頭上には宝瓶（ほうびょう）を乗せている。
観音菩薩は、仏（阿弥陀如来）の慈悲を表す化身とされている。蓮の花を象った蓮台を両手で持ち、これに往生者を載せて極楽浄土へ行くという。

そして、十の楽の第一に聖衆《しょうじゅ》来迎《らいごう》の楽をあげ、「臨終《りんじゅう》（死を迎える時）に苦しみはなく、安らかな気持ちになる。そのとき、阿弥陀仏と諸菩薩が迎えに現れる」と述べている。

その中に描かれたたくさんの仏たちは、この聖衆来迎の様子を表したものだ。具体的には、阿弥陀如来が観音菩薩《かんのんぼさつ》や勢至菩薩《せいしぼさつ》など二十五菩薩をしたがえて、往生者《おうじょうしゃ》のもとにやって来て、極楽浄土へ迎える。

そして、欣求浄土の章は十の楽をすべて述べたのちに、「願わくば、衆生《しゅじょう》とともに彼の国に生まれん。願わくは、諸の衆生とともに安楽国《あんらくこく》（極楽浄土）に往生せん」という言葉で締めくくられている。

column 地獄の四方山話①

寒さで震え上がる地獄

地獄には熱地獄《ねつじごく》と同じく八寒地《はちかんじ》獄《ごく》がある。①頞部陀《あぶだ》②尼刺部《にらぶ》陀《だ》③頞哳吒《あたた》④臛臛婆《かかば》⑤虎虎婆《ここば》。ここまでは寒さのあまり「アタタ」と叫ぶなどの叫び声が名の由来だ。⑥嗢鉢羅《うばら》は青蓮華《しょうれんげ》の意。凍えて青くなった身体がハスの花のようにめくれあがる。

⑦⑧は紅蓮《ぐれん》を意味する鉢特摩《はどま》、摩《ま》訶鉢特摩《かはどま》。寒さで身体が裂けて蓮の花のようにめくれあがり、鮮血が吹き出す。

これら寒地獄は、地獄絵にはあまり描かれていない。源信の『往生要集』でも寒地獄があるというだけだ。京都の冬は底冷えし、比叡山《ひえいざん》はさらに寒い。それが現世の常態だったので、寒地獄にはそれほど恐れを抱かなかったのかもしれない。

第3章

神話・説話・絵図に見る日本の地獄《じごく》模様

誰も行ったことがないからこそ、死後の世界の事はさまざまに語られてきた。それは『古事記』『日本書紀』の神話に始まり、『日本霊異記』『法華霊験記』などの説話に至るまでじつに多彩だ。ここでは、そんな日本の地獄模様に触れていく。

黄泉《よみ》の国

日本の古代神話、『古事記』に記された死者の国

国産みの神話

夫のイザナギと妻のイザナミが天の浮橋という大きな橋の上から下界を見て、天の沼矛（あめのぬぼこ）という矛で海を掻き混ぜ始めた。
神々が住む天と私たちが住む現世を結ぶ橋とされる。
イザナミ
イザナギ
天の浮橋
天の沼矛
大八洲
天の沼矛の先から雫がしたたり落ち、それが島となり、やがて大八洲が造られたという。

日本の古代神話『古事記（注1）』には、世の初めにイザナギとイザナミという夫婦神が天《あめ》の浮橋《うきはし》に立ち、天《あめ》の沼矛《ぬまほこ》で潮を掻き混ぜると、矛からしたたる雫が島になり、大八洲《おおやしま》（日本列島）が生み出されたと記されている。それからイザナギとイザナミは海の神、風の神、山の神、木の神、船の神などを生み出した。

こうした神々が生まれたというのは、海に風がわたり、山に木が育ち、河口には船も行き交いはじめたということであろう。そして、イザナミが火の神を生み出したとき、女陰《じょいん》に火傷を負って死んでしまった。

イザナギは妻を追って黄泉《よみ》の国に行った。その戸口で妻のイザナミは「私はもう黄泉の釜で

（注1）古事記：世の始まりから、神々の出現をへて推古天皇の時代（在位592―628年）までの歴史を記した書で、712年に編纂された、現存する日本最古の歴史書。

黄泉の国のイザナギとイザナミ

美しかったイザナミの身体にはウジがたかり、頭には大雷、胸には火雷が全身にまとわりついていた。
イザナミ
イザナギ
変わり果てた妻の姿を見たイザナギは、恐れをなして逃げ出した。そのとき、霊力があるといわれる桃の実を投げつけながら逃げたという。

煮たものを食べてしまったので戻れません。でも、黄泉の神と相談するので待ってください。それまで、決して私を見てはなりません」といった。しかし、イザナギは見てしまったのである。妻の身体はウジ虫がたかるおぞましい姿になっていた。驚いたイザナミは逃げ帰り、水辺で禊《みそ》ぎをする。汚いものを見てしまった左目を洗って清めると天照《あまてらす》大神《おおみかみ》（注2）が出現した。

黄泉は地下にある死者の国だが、生前の罪のために落ちる地獄ではない。それどころか、太陽神の天照大神がイザナミの死を経て生まれるなど、いろいろな神が死から誕生する。

死が豊かな再生をもたらすのは、世界の古代神話によく登場する話でもある。

（注2）天照大神：『古事記』に登場する神で、天皇の祖神として伊勢神宮に祀られている。

日本の地獄観
2

現存最古の歌集で詠まれた死者のゆくえ
万葉集《まんようしゅう》と死人

万葉歌人・柿本人麻呂

こもりくの
泊瀬《はつせ》の山の
山の際《ま》に
いさよふ雲《くも》は
妹《いも》にかもあらむ

【訳】初瀬の山あたりを漂っている雲は、あの娘子(おとめ) なのだろうか。

柿本人麻呂は飛鳥時代に活躍した歌人で、『万葉集』に多くの作品を残す。皇子や皇女の死を詠んだ挽歌が多いことから藤原京時代(694-710年)の宮廷詩人であったと考えられている。

奈良時代に編まれた現存最古の歌集『万葉集』（注1）には、亡き人を偲《しの》ぶ歌（挽《ばん》歌《か》）が数多く収められている。たとえば飛鳥時代の歌人、柿本人《かきのもとひと》麻呂《まろ》が亡き妻を偲んで詠んだ歌がある。

「秋山の黄葉《もみじ》を繁《しげ》み惑《まど》ひぬる妹《いも》を求めむ山道知らずも」

妻は秋の山のほうに行ってしまった。訪ねたくても、道はわからないという歌だ。今でも死者は山に帰るというように、昔もそう考えられていたのだろう。

この時代に「死者の山」と考えられていたのが、奈良県の長《は》谷寺《せでら》が建つ初瀬山《はつせやま》（泊瀬山）とされる。そこでは、仏教とともにインドから伝わった火葬も行われた。「隠口《こもりく》（注2）の泊瀬の山の山の際《ま》にいさよふ雲《くも》は妹《いも》にか

（注1）万葉集：飛鳥時代から奈良時代にかけての歌を集めた現存日本最古の歌集。全20巻からなり、天皇から農民に至るまで幅広い層の歌が4500首ほど収められている。

初瀬の山に建つ大和長谷寺

花の御寺（みてら）として知られる大和長谷寺が立つ初瀬山は、古代より死者の山として信仰されてきた。長谷寺の創建も古く、686年に斉明天皇の病気平癒を祈願し、建立されたものと伝わる。
初瀬山
いにしえより聖なる山として信仰されてきた初瀬山。その地に建立された長谷寺は、観音菩薩の霊場として人々の信仰を大いに集め、現在は「長谷寺」の名をつけたお寺は、全国でおよそ二百四十におよぶ。
長谷寺
長谷寺の本尊・十一面観音菩薩立像（じゅういちめんかんのんぼさつりゅうぞう）は、高さが10mを超える巨大な仏像だ。右手に錫杖（しゃくじょう）、左手に水瓶（すいびょう）を持ち、このスタイルの仏像を「長谷寺式観音」と呼んでいる。

大和長谷寺
住所：奈良県桜井市初瀬731-1

もあらむ」

この歌は、柿本人麻呂が土形《ひじかたの》娘子《おとめ》という娘が火葬されたときに詠んだ歌だ。若くして死んだ娘は、火葬の煙が泊瀬山にただように去り難《がた》げであるという。こうした挽歌によって、世は無常《むじょう》であるという感覚が育まれた。

「巻向《まきむく》の山辺とよみて行く水の水沫《みなあわ》のごとし世の人われは」

この歌も柿本人麻呂の作であるが、大和の巻向山から流れ出す川の流れを人生になぞらえ、この世のわれらの命は、山辺の谷川を響《よど》み流れいく水の泡のように儚《はか》いものだという。これは鎌倉時代、鴨長明《かものちょうめい》が書いた随筆『方丈記《ほうじょうき》』の「よどみに浮ぶうたかたは、かつ消え、かつ結びて久しくとゞまりたる例なし」という言葉の先駆である。

(注2)隠口(こもりく)：山々に囲まれたひっそりとした場所のこと。

空《くう》海《かい》の地《じ》獄《ごく》

地獄の沙汰も心次第、自分の行為の報いとして鬼が現れる

弘法大師空海

804年、唐に渡り、真言密教の奥義を伝授されて帰国。その後、真言宗を開いて密教の布教につとめ、816年には高野山に金剛峯寺(こんごうぶじ)を開創した。

地獄へおちるか否かはすべてあなたの心がけ次第です

空海の肖像画は、胸前で五鈷杵(ごこしょ)という密教法具を持つ姿で表される点が特徴だ。

源信の『往生要集』よりも150年以上前のこと、平安時代の初めに地獄のことを説いた僧がいた。それは真言宗《しんごんしゅう》を開いた空海だ。空海は讃岐国《さぬきのくに》(香川県)の地方豪族、佐伯《さえき》氏の子として生まれ、地方官吏になるための学校(国学)で学び、18歳のときに都の大学に入り、中央官吏を養成するところで儒学《じゅがく》を中心とした中国の典籍《てんせき》を学んだ。しかし、20歳のときに大学を辞めて、四国や紀伊の山中での仏道修行に入った。

その理由は著述『三教指帰《さんごうしいき》』(注)に、「儒教と道教の二教は現世の助けになっても、来世の助けにはならない。亡き父母を救うことができるのは、仏教だけだ」と述べている。

この『三教指帰』に「六道に

(注)三教指帰：797(延暦16)年、24歳のときに書いた著作。仏教・儒教・道教の三教を比較して論じた書物。ただし、執筆当初の題名は「聾瞽指帰」(ろうこしいき)とされ、のちに朝廷へ献上する際に「三教指帰」と名が改められたと考えられている。

3　空海が説いた地獄の世界

獄卒に追い立てられ、亡者は底なしの冷たい川に沈められる。

- ○煮えたぎる釜で煮られる。
- ○鋭く尖った刀剣の山に投げられて、血をしたたらせる。
- ○高い槍の山に刺され胸を刺し貫かれる。
- ○重い火の車に礫かれる。
- ○煮えたぎる湯を腹に注ぎこまれる。
- ○真っ赤になった鉄を喉に流しこまれる。
- ○飲み物はまったくない。食べ物も何万年もとることができない。
- ○獅子や虎や狼が口を開けて飛びあがり、馬の頭をした獄卒が目を怒らせて襲ってくる。
- ○空に向かって「助けてくれ」と泣き叫んでも閻魔王は許してくれない。
- ○妻子を呼んでみても、誰も答えてくれない。
- ○財宝で地獄の獄卒らを買収しようと思っても、宝は何一つ持っていない。
- ○地獄から逃げだそうと思っても、高い城壁を越えられない。

輪廻する者は、あるときには天を国とし、あるときは地獄を家として住むこともある」として地獄のことを記している。

そこに「煮えたぎる釜の中で煮られ、あるときは鋭く知った刀剣の山に投げられて血をしたたらせる」など責め苦にあうことが書かれている。自分の悪い行為の報いとして、牛頭《ごず》・馬頭《めず》などの地獄の鬼どもが自然に出現するのだという。反対に心の用い方が善《よ》ければ、金銀の楼閣《ろうかく》が空から飛んで来て、甘い露が与えられるのだともいう。天国や地獄が固定してあるわけでない。ただ自分の心を改めるのは難しいので、それらが固定して存在するかのように思う。地獄の沙汰《さた》も金次第ではなく、自分の心次第だと空海はいう。

女の地獄《じごく》

子を産まなかった罪でおちる地獄と血の穢《けが》れでおちる地獄

石女地獄《うまずめじごく》
ここにおちた女性は、油をひたした柔らかい灯心（細い紐）で、硬い竹の根（男根の象徴とされる）を掘り続けるという責め苦を受ける。
石女地獄は、不産女地獄（うまずめじごく）ともいい、生前に子どもを産むことができなかった女性がおちるとされた。

今ではありえない女性差別ではあるが、昔は子どもを産めない女は「石女地獄《うまずめじごく》」におちるといわれていた。家を継ぐ子を産めないことは罪だと考えられたからだ。

また、やむにやまれぬ事情があったとしても子を殺した者は地獄におちる。その地獄も女がおちるとされた。地獄絵には、殺されても母を慕って追い求める子が描かれているものもある。

そうした女の地獄の代表が「血《ち》の池《いけ》地獄」だ。女性のお産や月経の血が穢《けが》れとされ、女性は死後に血の池（血盆池《けつぼんいけ》）におちるといわれた。

しかし、この地獄のことを説く『血盆経《けつぼんきょう》』によると、女性はこの経典を毎日唱えれば、般若《はんにゃ》の船（仏の智慧《ちえ》の舟）が現れ、三

血の池地獄

日本には、血を穢れとして忌み嫌う習わしがあった。その血が流れでる出産や月経は、穢れとして罪が問われ、血の池地獄におちるとされた。

血の池地獄には鉄梁（てつりょう）や鉄枷（てつか）、鉄索（てっさく）など百三十の刑具があって、罪人（女性たち）を苦しめる。そして、一日三度、獄卒たちは無理やり汚血を飲ませ、飲まないと鉄の棒で打つ。

途の川の岸まで乗せていく。

そのとき、血盆池に五色《ごしき》の蓮の花が咲き、仏の国に転生できると説かれている。

また、血の池地獄には如意輪《にょいりん》観音がいて、苦しむ者を助けてくれるともいわれので、如意輪観音を拝む女性の姿が描かれている地獄絵もある。

一方、男の地獄として、「刀葉《とうよう》林《りん》」（p12）と「両婦《りょうぶ》地獄」が知られる。刀葉林では「いらっしゃい」と招く美女のところへ行こうと刀の葉が茂る木を上ったり降りたりして身体がずたずたに裂かれる。

両婦地獄では、二匹の蛇に巻かれて縛りあげられる。生前に浮気をした男がおちる地獄で、まさに自業自得だ

日本の地獄観

5

地獄極楽図《じごくごくらくず》

怖いけれどなぜか楽しい「あの世」の話、地獄の世界

美しい着物を来た女性が、やがて骨となり、死出の旅路へ向かう。

あの世とこの世の境目にある三途の川を亡者は渡る。

等活地獄は、殺生や乱暴をした者がおちる地獄で、亡者は切り刻まれたり、身体をすりつぶされたりする。

「人の世に　嘘をつきけるもろもろの　亡者の舌を抜き　居るところ」

近代の代表的な歌人、斎藤《さいとう》茂《も》吉《きち》の最初の歌集『赤光《しゃっこう》』（1913年刊）に「地獄極楽図」という連作がある。その第一首が右の歌で「嘘をついたら閻魔さんに舌を抜かれるよ」とよくいわれたことを詠んでいる。

山形県上山市にある茂吉の生家の隣に寺があり、子どもの頃に茂吉が見た地獄極楽図の場面を詠んだものだ。

それは地獄図と極楽図の二つからなる掛け軸で、合わせて地獄極楽図と呼ばれているが、地獄図には地獄の恐ろしい様子がさまざまに描かれている。

地獄図は、江戸時代に盛んに描かれ、お寺の行事に合わせて

地獄極楽図

地蔵菩薩の宮殿
閻魔大王
地蔵菩薩
衆合地獄(刀葉林の景)
阿鼻地獄

地獄にあるという地蔵菩薩の宮殿。

賽の河原で石を積む子どもたちを鬼から守るために現れた地蔵菩薩。

亡者は生前の罪により閻魔大王の裁きを受ける。

殺生や盗みを犯した者がおちるという衆合地獄。美女の誘惑が怖い。

親殺しや仏教を冒涜した者がおちるもっとも恐ろしい阿鼻地獄。

地獄の絵解きをしたものだ。ただし、恐ろしい地獄の絵解きであっても、昔は年に数度の楽しい催しだった。そのため、閻魔大王の真っ赤な顔や青鬼・赤鬼の表情などは戯画《ぎが》（漫画）的で、どこかユーモラスである。

その楽しさがあるからこそ、嘘をついてはいけないといった話も人々の記憶に刻まれた。日本で伝えられてきた「あの世」のことも心にしみる。

地域によっては今も地蔵盆《じぞうぼん》（8月24日）が盛んだ。チンチンと鉦《かね》を叩きながら「これはこの世のことならず、死出の山路の裾野《すその》なる賽の河原の物語」と悲しく地蔵和讃《わさん》（注）を歌うが、子どもにとっては、地蔵堂などに集まって遊ぶ楽しい行事でもある。

(注)地蔵和讃：地蔵菩薩の教えや功徳(救いの力)を讃えるもの。

6

立山曼荼羅《たてやままんだら》

地獄と極楽浄土を体験する山中の六道めぐりを絵解きした

立山連峰の山頂は極楽浄土とされ、菩薩をともなった阿弥陀如来が参詣者のもとに現れる。

標高2000～3000m級の山々が峰を連ねる富山県と岐阜県にまたがる立山連峰は、古来より霊山として人々に崇められてきた。室町時代には、この立山曼荼羅が作られ、多くの人が立山を詣でた。

立《たて》山《やま》（p118）に、地獄があるといわれはじめたのは、平安時代のことだった。

平安中期に成立した『大日本《だいにほん》国法華験記《こくほっけげんき》』（注）第百二十四話「越中立山の女人」の中で、日本国の人、罪をつくれば、その多くは立山の地獄におちるという。くわえて、その地獄で苦しんでいた若い女性が、旅の僧と出会い、観音菩薩《かんのんぼさつ》と法華経《ほけきょう》の力によって救われたともいうのである。

江戸時代に立山は、修験道《しゅげんどう》の一大山岳霊場《いちだいさんがくれいじょう》となった。その麓の村（富山県立山町）には、立山講の御師《おし》（信徒の先導者）の家が立ち並び、立山参詣者の宿として賑わった。その参詣者たちに立山霊場の絵解きをしたのが、この立山曼荼羅である。

そこには三途の川や地獄谷な

(注)大日本法華験記：平安時代中期に編まれた上・中・下の3巻129話からなる仏教説話集で、著者は比叡山の鎮源(ちんげん)。

立山曼荼羅

臼ですりつぶされたり、火の中に放り込まれたりして、亡者を痛めつける獄卒の姿が描かれている。実際、立山の山頂付近には、火山ゆえに噴煙が立ちこめたエリアがあり、そこは今も地獄谷と呼ばれている。

白装束を纏い、橋を渡って阿弥陀堂（浄土堂）へ向かう人々の姿が描かれている。ここは白い布が敷かれていることから布橋といって、極楽へ渡る橋だ。女性たちの霊場ともなっている。

ど、地獄絵に見られるあの世の様子が描かれている。

さらに立山山頂は極楽浄土とされ、空中に阿弥陀如来《あみだにょらい》が描かれている。そして、下山《げざん》の折には、来た道を逆に辿って元の暮らしに戻る。

修験道は、特殊な修行者による仏道ではなく、一般の農民や町人が、日常の暮らしをひととき離れて山中に入り、御師に連れられて死後の旅をするもので、いわゆる死と再生を体験するもの。いったん死んで、再び生まれ変わることによって新たに生きる力が湧いてくるのである。

なお、かつて立山は女人禁制《にょにんきんせい》であったが、山麓に女性のために、地獄から極楽に渡る霊場（布《ぬの》橋灌頂《ばしかんじょう》の橋）がつくられている。

7

地獄《じごく》草紙《ぞうし》・餓鬼《がき》草紙《ぞうし》

苦しみに満ちた迷いの世界を描いた絵巻物《えまきもの》

地獄の様子を絵巻物として表したものが地獄草子だ。ここには「鉄磑所（てつがいしょ）」と呼ばれる鉄の臼（磑）ですり潰される責め苦が描かれている。
鉄磑所は人の物を盗んだり、着服した者がおちる地獄とされ、すり潰されても蘇り、それが永遠と繰り返される。

草《そう》紙《し》（草子、双紙とも）は巻物に対して冊子形の書物をさすが、清少納言《せいしょうなごん》の『枕草《まくらのそう》子《し》（注1）』のように私的に書かれた和文の書物や絵入りの民衆的な書物も草紙と呼ばれ、巻物のものもある。地獄草紙《じごくぞうし》には地獄の様子、餓鬼草紙《がきぞうし》には餓鬼の様子が絵と文で表されている。中には貴重な文化財として、国宝に指定されているものもある。国宝の絵巻物『地獄草紙』には東京国立博物館と奈良国立博物館が所蔵するものがある。上図は奈良博本の一場面である。一方、国宝の絵巻物『餓鬼草紙』には、東京国立博物館と京都国立博物館蔵のものがある。左頁は東博本によった。

この『地獄草紙』と『餓鬼草紙』は12世紀に後白河法皇《ごしらかわほうおう》が作

（注1）枕草子：平安時代、一条天皇の后であった中宮定子（ちゅうぐうさだこ）に仕えた清少納言が著した随筆。

餓鬼草紙

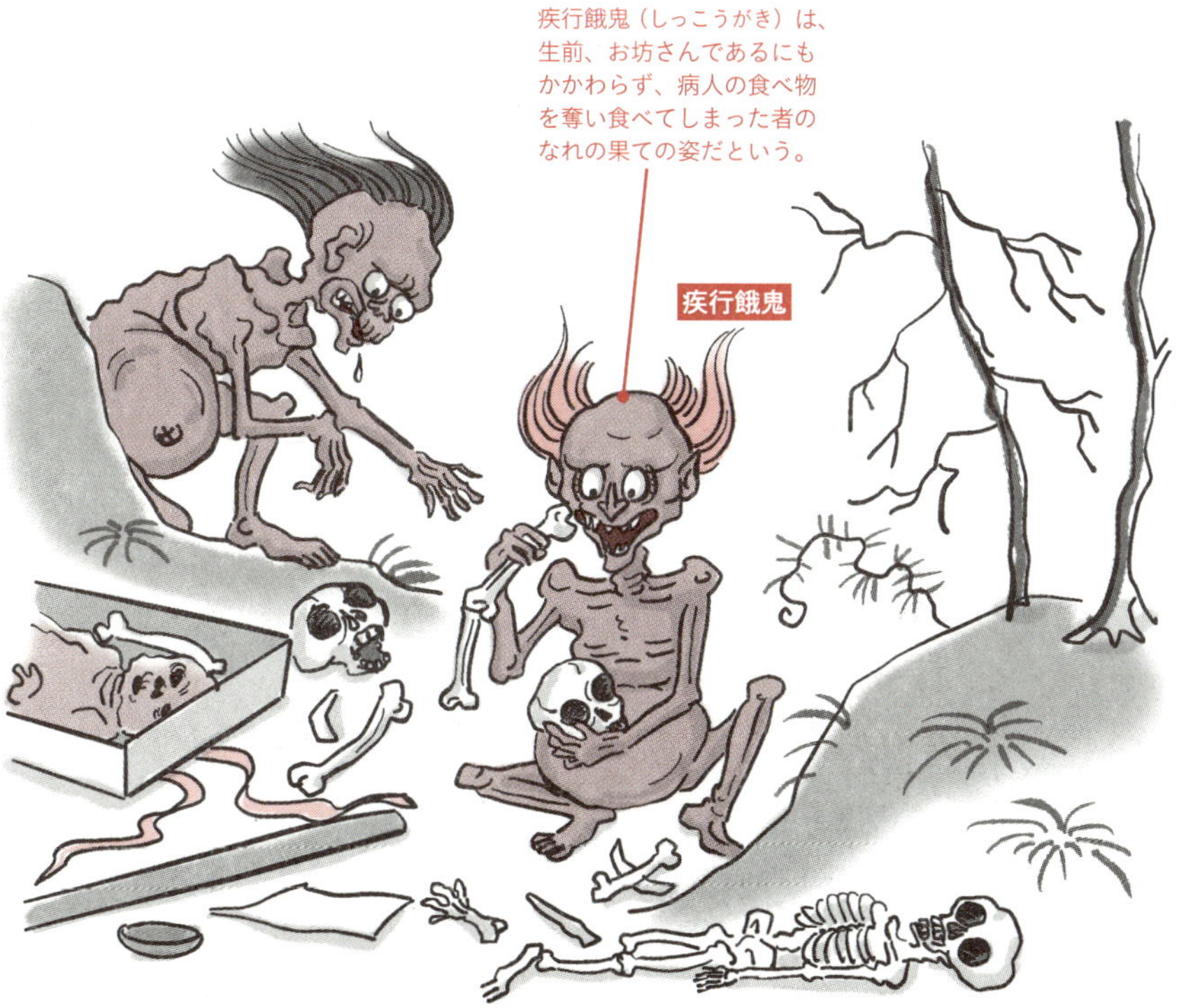
疾行餓鬼（しっこうがき）は、生前、お坊さんであるにもかかわらず、病人の食べ物を奪い食べてしまった者のなれの果ての姿だという。
疾行餓鬼

餓鬼草紙には、決して満たされず、飢え続ける餓鬼の姿が描かれている。疾行餓鬼は、つねに墓場の中をうろつきまわり、死体を探して貪る。

らせ、三十三間堂《さんじゅうさんげんどう》（蓮華王院《れんげおういん》、注2）に納めた「六道絵《ろくどうえ》」のうちの二巻と考えられている。

後白河法皇は平安時代末に源氏と平氏が争った動乱の世に生きた。戦で敗れた武将の首がずらりと鴨川《かもがわ》の河原の獄門にさらされるなど、世は修羅場になり、地獄の様相を呈した。乱れた世に民衆は飢渇《きかつ》に見舞われ、餓鬼のような姿をさらしたことだろう。そんな動乱の世に、六道絵を寺に納めたことは特別の意味があったはずだ。仏画は単なる絵画ではない。仏への祈りを込めて描かれ、奉納されたものだ。さながら地獄や餓鬼、修羅の世界と化した現世が平安になることを願って、千体もの千手観音《せんじゅかんのん》を祀る三十三間堂（蓮華王院）に六道絵を収めたのだろう。

（注2）三十三間堂：1164年、後白河法皇が創建したお寺で、正式名称を「蓮華王院(れんげおういん)」という。南北約120mという本堂内には今も千一体の千手観音菩薩立像が祀られている。

8

熊野観心十界曼荼羅《くまのかんじんじっかいまんだら》

上り坂から下り坂へと進み、この世の出口が待っている

子どもから成人、結婚、出産へ。坂を上るかのごとく人生のピークを迎えるが、老いの坂を下り始めると、やがて死を迎える。それに合わせて、まわりの木々も、桜や常緑の松から、紅葉・枯れ木へと移り変わる。

曼陀羅の下部の中心に閻魔大王の裁きが表されている。獄卒に引きずられ、亡者は浄玻璃鏡の前に立たされ、罪が暴かれる。

地獄や仏界《ぶっかい》などの十界（注1）の様子が描かれた仏画に、「熊野《くまの》（注2）観心十界曼《かんじんじっかいまん》荼羅《だら》」が知られる。曼荼羅とは、いろいろな場面を一枚に描いた仏画だ。室町時代から江戸時代にかけて広まったもので、熊野《くまの》比丘尼《びくに》という尼僧姿の旅芸人が、寺社の縁日《えんにち》などで絵解きし、熊野のお札《ふだ》を売ったり寄進を募ったりしたものだ。

観心は、「自分の心を観よ」という意味で、十界の入口が鳥居《とりい》で示され（本図は一部省略）、中央上部に書かれた「心」と線で結ばれている。

上部のアーチ（坂道）は、人生の山坂である。右下に生家があり、そこで生まれた赤ちゃんがこの世の入口の鳥居をくぐって歩み始める。父母に愛されて生

（注1）十界：六道（地獄道・餓鬼道・畜生道・修羅道・人道・天道）に、仏界と修行の三界（声聞・縁覚・菩薩）を加えたもの。

3　熊野観心十界曼荼羅

絵の中心に心の文字が記されている。これは人の心の中に、仏の世界も地獄もあることを表している。

鬼の手から子どもたちを救うために、地獄の世界に現れた地蔵菩薩。

画面の下部には、鉄の棒で叩かれたり、舌を抜かれたり、火車で焼かれたりするなど責め苦にあう地獄の様子が描かれている。

まれても、人生の山坂は独りで歩んでいくことになる。自分に代わって人生を引き受けてくれる人は誰もいない。

子どもの頃は上り坂で、花よ蝶よとかわいがられる。やがて人生は絶頂期を迎え、結婚して子どもを生むが、老いの坂を下り始めると、まわりの木々は枯れ木に変わり、この世の出口が待っている。

心の下に描かれているのは、追《つい》善《ぜん》供《く》養《よう》をするための精霊棚《しょうりょうだな》だ。そして、曼荼羅の下部は恐ろしい地獄の世界が広がっている。

中央に閻魔大王が座し、亡者を裁く姿が見られ、周囲には鉄棒を持った獄卒が亡者を追いかけるシーンや、火車《かしゃ》に乗せられ焼かれたり、身体を切り刻まれたりする亡者の姿が見られる。

（注2）熊野：紀伊半島の南東部に位置する日本を代表する霊場で、古来よりこの地は死者の霊魂が「くまる（籠もる）」とされ、その名の由来となっている。熊野本宮大社・速玉大社・那智社を総じて熊野三山という。

日本の地獄観

9

日本霊異記《にほんりょういき》の死者

因果応報《いんがおうほう》を語る霊験譚《れいげんたん》が収録された日本最初の説話集

藤原永手
われは地獄に召された永手じゃ

藤原永手（ながて）は西大寺の塔を縮小した罪で閻魔王に召された。

永手が獄卒たちの責め苦を受けていたとき、閻魔王宮に煙がたちこめた。

『日本霊異記』は、奈良薬師《やくし》寺《じ》の僧・景戒《けいかい》が平安時代の初期にまとめたもの。善悪の報いを語る霊験譚《れいげんたん》（注）を百十六話収録している。

その中に奈良時代末に寺院縮小を進めた光仁《こうにん》天皇のときの太《だい》政大臣《じょうだいじん》だった藤原永手《ながて》が、奈良西大寺《さいだいじ》の塔を小さくした罪で地獄におちた話が載っている。

永手の没後、子の家依《いえより》が長患《ながわずら》いをしたので祈禱僧《きとうそう》を招いた。僧の一人が火のついた炭を手におき、香をたいて陀羅尼《だらに》（呪文）を唱えた。

すると家依に霊が憑《つ》き、「我は（藤原）永手である。閻魔王に召されて火の柱を抱かせられ、折れ曲がった釘を手に打たれていたとき、閻魔王宮に香の煙がたちこめた。それで閻魔王は香の

（注）霊験譚：人々の祈りや願いにこたえた神仏の御利益を伝える不思議な話。

さまよう藤原永手の霊

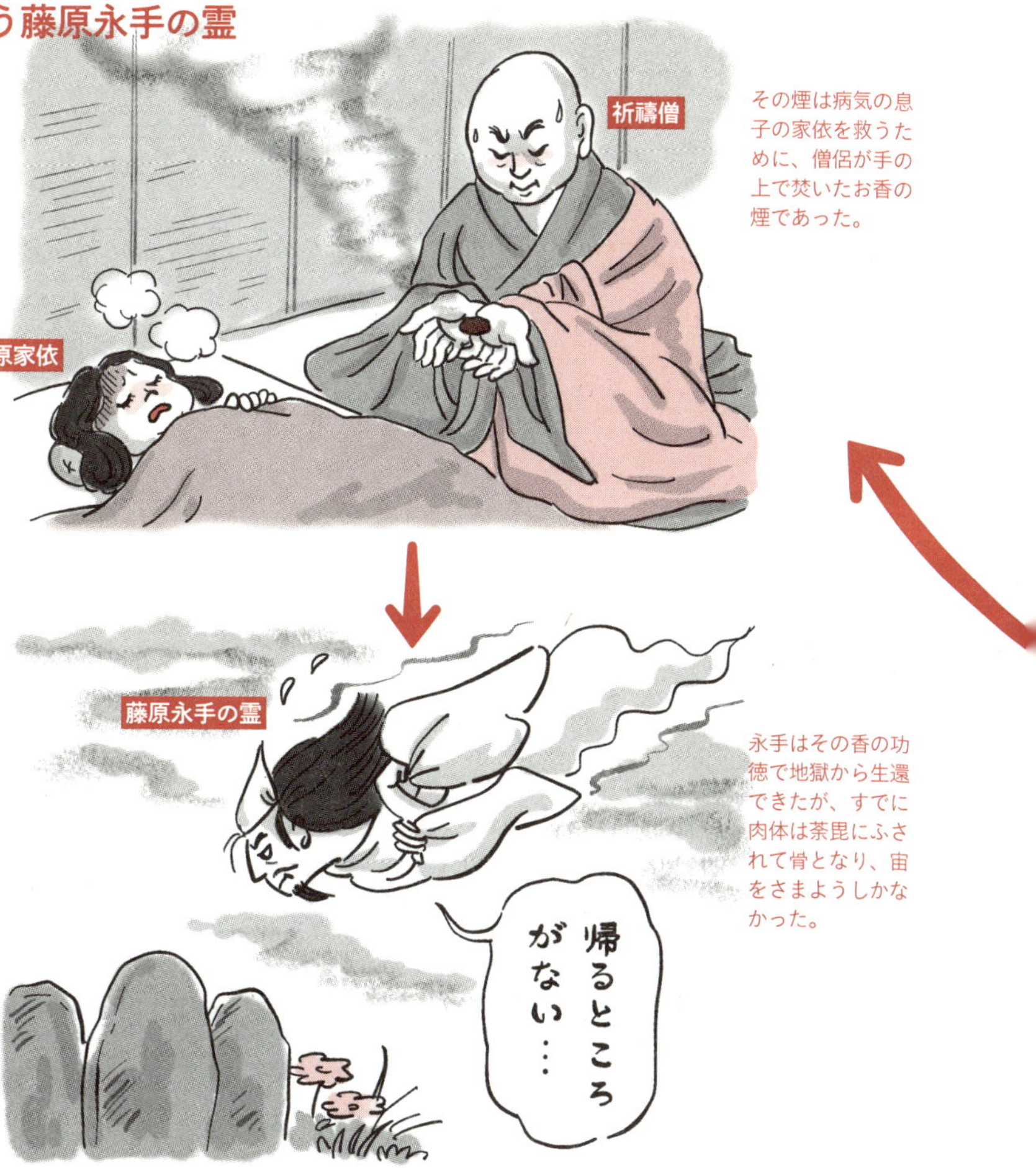
祈禱僧
その煙は病気の息子の家依を救うために、僧侶が手の上で焚いたお香の煙であった。
藤原家依
藤原永手の霊
永手はその香の功徳で地獄から生還できたが、すでに肉体は荼毘にふされて骨となり、宙をさまようしかなかった。
帰るところがない…

功徳によって我を赦免したのだ。しかし、地獄を出ても我が身体は荼毘にふされて滅び宿るところがないので、六道の宙《ちゅう》にただよっている」といったという（下巻第三十六話）。

　また、地獄から生き返った人の話もある。讃岐《さぬき》の衣女《きぬめ》という娘が急病になり、閻魔王の使いの鬼がやってきた。そのとき、鬼は疲れたので衣女に食べ物を乞い、食べてしまった。そして、衣女の代わりに同じ名の娘を探して閻魔王のところに連れて行ったが、ばれてしまい娘は家に戻された。（中巻第二十五話）

『日本霊異記』の地獄は、のどかなものである。罪の報いとしては悪死（突然死など）するなどの話が多い。

法華験記《ほっけげんき》の地獄

地獄でも救われる経典の威力を語る霊験譚《れいげんたん》

源尊
我此土安穏《がーしーどーあんのん》・・・・

法華経を唱えることを日課としていた源尊という人物がいた。ただし、暗誦はできなかった。

閻魔大王

そんな源尊が亡くなると、矛を手に持ち甲冑を着た獄卒が、彼を閻魔の王庁へ連れて行った。書類には源尊の生前の善悪が記されている。

平安時代には、法華信仰《ほっけしんこう》と浄土《じょうど》信仰が一体となって広まり、多くの霊験譚（p114）が語り伝えられた。ここでは、その代表例として平安中期に比叡山の僧・鎮源《ちんげん》が著した『大日本国法華験記《だいにほんこくほっけげんき》』（通称『法華験記』）の中から、あの世の話を紹介しよう。まず悪人が極楽往生をした話である（第九十四話）。

比叡山の聖人《しょうにん》が美濃に行ったときのこと。薬延《やくえん》という沙弥《しゃみ》（僧形《ぎょうそう》の在家者）の家に泊めてもらったことがあった。薬延は狩りや漁をして肉を食べ、煩悩《ぼんのう》に縛られることを苦ともしない狼藉《ろうぜき》ぶりだったが、夜半に沐浴《もくよく》して身を清めて暁まで法華経《ほけきょう》を読誦《どくじゅ》し、一心に念仏していた。

そして数年後、比叡山の聖人は、西方に紫雲《しうん》がなびき、空中

観音菩薩の功徳

そこに錫杖と経箱（きょうばこ）を持った旅の僧が現れ、閻魔大王に「源尊は多年にわたり法華経を読誦して功徳を積んできました」といった。

すると、源尊は法華経の功徳で現世へ戻ることができた。そして、旅の僧を見ると、観音菩薩の姿に変わっていた。

から「沙弥薬延は今日、極楽世界に往生します」という声を聞いたという。

また、『法華験記』には地獄から生き返った話（第二十八話）も載せられている。

源尊《げんそん》は子どものとき仏門に入り、毎日法華経を読誦したが、どうしても暗誦《あんじゅ》はできなかった。その後、源尊は重い病で亡くなり、閻魔王庁の役人や鬼たちの前に連れて行かれた。そこに一人の僧が現れ、閻魔大王に「源尊は法華経を多年に読誦して功徳《くどく》を積んできました」といってくれた。すると源尊は僧に連れられ生き返ったが、見るとその僧は観音菩薩の姿になっていた。

このほか、法華験記には前世・後世が蛇や虫だったという話が多い。

いにしえより人々が見て感じたリアルな「地獄」

日本の地獄めぐり

火山ガスが吹き上げていたり、血のごとく赤に染まった池があったり……。
ここでは「地獄」と呼ばれ古くから崇められてきた日本の名勝を紹介する。

日本の地獄

1

恐山《おそれざん》（青森県）

日本有数のパワースポット

青森県の下北《しもきた》半島には、日本三大霊場の一つとして知られる恐山がある。一万年以上も前に噴火した火山であるが、今も硫黄泉が吹き出し、その光景はまさにこの世の地獄と称される。

平安時代にこの地にお寺(恐山菩提寺《おそれざんぼだいじ》)を建てたのは、第三世天台座主《てんだいざす》の慈覚大師《じかくだいし》円仁《えんにん》といわれる。「地獄の仏」とされる地蔵菩薩が祀られ、死者を供養する場として信仰されてきた。

日本屈指のパワースポットとして知られ、三途の川や百三十六もの地獄がある。

日本の地獄

2

立山《たてやま》（富山県）

極楽浄土の中の地獄

富山県の立山は、富士山・白山《はくさん》と並び日本三霊山の一つに数えられる。その立山の神は、立《たて》山権現《やまごんげん》といい、山そのものが阿弥陀如来の極楽浄土だとして信仰されてきた。しかし、その山頂へ向かう谷間に、噴気が吹き出し、熱水が湧き出る荒涼としたエリアがある。まさに、地獄のような景色が広がることから「地獄谷《じごくだに》」と呼ばれ、立山信仰とともに人々に崇められてきた。

硫黄の匂いが立ちこめる地獄谷。その光景を展望台から眺めることができる。

日本の地獄
3
噴火によってできた地獄
大《おお》涌《わく》谷《だに》（神奈川県）

箱根の地獄谷といわれる大涌谷は、約3000年前に起こった箱根火山の噴火で、山体《さんたい》が崩落してできた地形といわれている。その谷から火山ガスが立ち上り、地獄を思わせる景観が広がる。現在はロープウェイがかけられ、箱根有数の観光ポイントになっている。

荒涼とした大地から吹き上がる噴煙など神秘的な光景が広がる。

日本の地獄
4
あの世とこの世の境がある
六《ろく》道《どう》珍《ちん》皇《こう》寺《じ》（京都府）

京都に「六道さん」の愛称で信仰されてきたお寺がある。寺号を六道珍皇寺といい、平安貴族の小野《おのの》篁《たかむら》が創建したお寺と伝わる。その名の由来は、この世とあの世（六道）の境の辻がこの寺の境内あたりとされてきたからだ。ゆえに冥界への入口ともいわれる。

六道珍皇寺の山門の脇に、今も六道の辻と書かれた石碑が立つ。

日本の地獄
5
色とりどりの地獄めぐり
別《べっ》府《ぷ》（大分県）

日本有数の温泉地として知られる大分県の別府温泉には、国指定名勝の地獄がある。それは海《うみ》地獄・血の池地獄・龍巻《たつまき》地獄・白池《しらいけ》地獄からなり、二時間半程度で回れる「べっぷ地獄めぐりコース」が整備され、訪れた人の心と身体を癒やしてくれる。

真っ赤な血の池地獄やコバルトブルーの海地獄など、個性的な地獄を見ることができる。

column 地獄の四方山話②

「蜘蛛《くも》の糸」の謎

ある日のこと、お釈迦様は極楽の蓮池《はすいけ》から地獄の底をのぞきこんだ。すると、生前に蜘蛛を助けたことのある犍陀《かんだ》多《た》という男を見た。お釈迦様は犍陀多を救おうと蜘蛛の糸を垂らした。

犍陀多は蜘蛛の糸を両手でつかみ登っていたところ、大勢の罪人が自分についてきているのを見た。糸が切れると思い「この糸は俺のものだ。こら、下りろ」とわめいた途端、蜘蛛の糸はぷつりと切れてしまった。そんな結末は、お釈迦様ならお見通しのはず。しかし、お釈迦様は一部始終を見届けた後、何事もなかったかのように極楽の蓮池のほとりを歩き続けた。

さて、この結末をどう考えるかが「蜘蛛の糸」の謎だ。

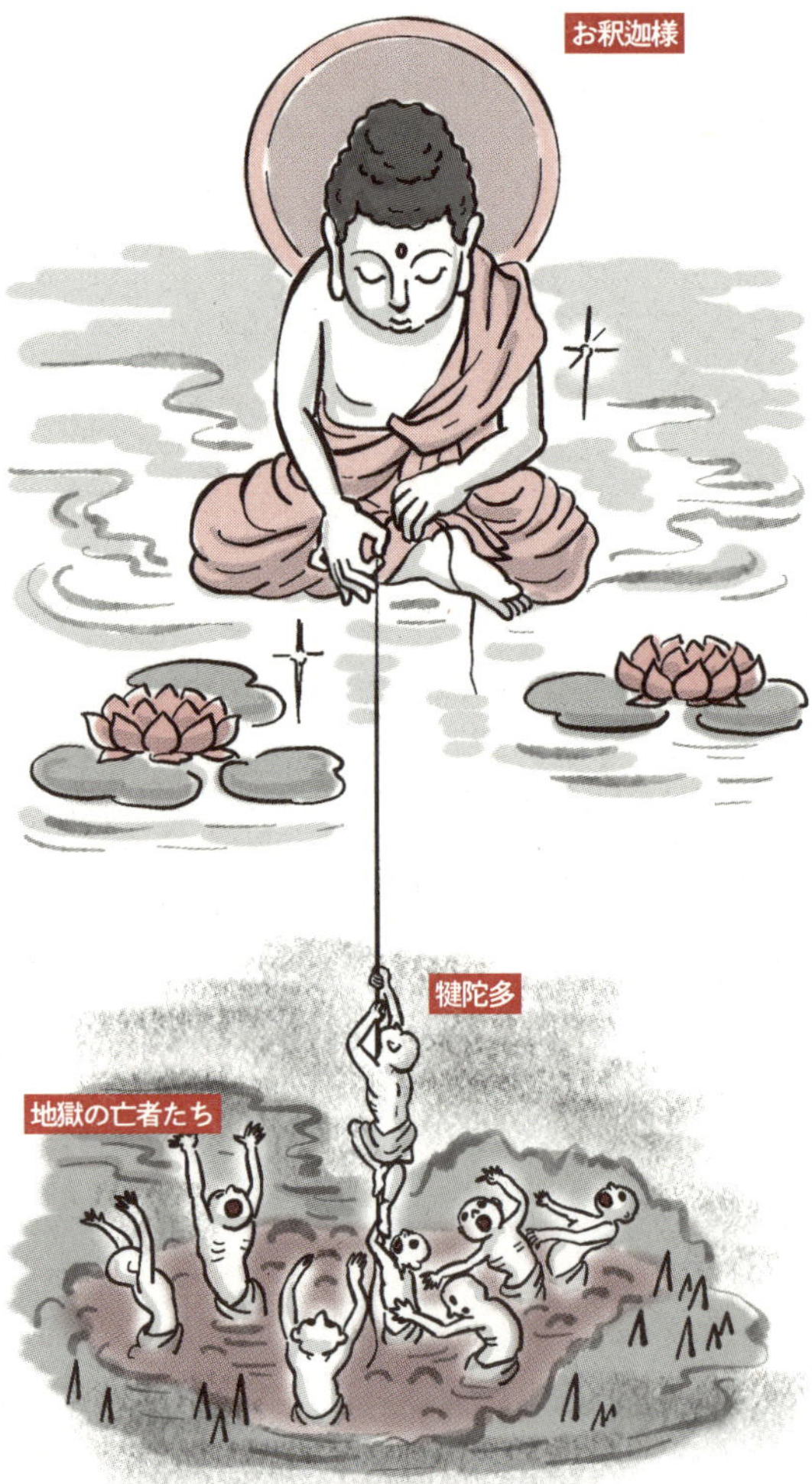

第4章

地獄から脱した仏の世界 極《ごく》楽《らく》浄《じょう》土《ど》

地獄を含めて六道輪廻は迷いと苦しみの世界だが、そこから脱出する方法がある。仏を崇め功徳を積むこと。なかでも阿弥陀如来の名を称えて念じれば極楽浄土へ導いてくれるという。

1

阿《あ》弥《み》陀《だ》仏《ぶつ》の国

浄土教《じょうどきょう》の経典に説かれた最高の仏の国

極楽浄土には、「七宝（しっぽう）の池」と呼ばれる功徳の水をたたえた池があり、車輪ほどもある大きな蓮の花が咲き、美しい香りを漂わせている。

向かって右に描かれている大きめの仏は観音菩薩で、左の大きめの仏は勢至（せいし）菩薩だ。このように如来の左右に配される仏を脇侍（わきじ）といい、如来の智恵や慈悲や象徴するものといわれる。

国宝『當麻曼荼羅』（たいままんだら、當麻寺蔵、奈良時代）は、経典で説かれた極楽浄土の世界を再現したものとして有名だ。本書も『當麻曼荼羅』を参考にして、極楽浄土の世界を紹介した。

源信の『往生要集』は、その名のとおり極楽浄土へ往生するための手引き書だが、極楽浄土とは一体どのような世界なのか？　そのことは浄土宗や浄土真宗など浄土教系の宗派が拠りどころとしている浄土三部《じょうどさんぶ》経《きょう》（注1）に詳しく説かれている。

その1つの『阿弥陀経《あみだきょう》』には、「西方十万億土《さいほうじゅうまんおくど》を過ぎて世界あり、名づけて極楽という」と説かれている。つまり、十万億という数の仏の国を通り過ぎた西の彼方《かなた》に、極楽はあるという。

また、『無量寿経《むりょうじゅきょう》』には阿弥陀如来と極楽浄土の誕生の経緯が詳しく説かれている。それによると、阿弥陀如来がまだ修行者で法蔵比丘《ほうぞうびく》（注2）と名乗っていた頃のこと。最高の浄土を作ろうと考え、四十八の誓いを立

（注1）浄土三部経：『阿弥陀経』『無量寿経』『観無量寿経』の三つの経典のこと。

4　極楽浄土の世界

中央のひときわ大きい仏が極楽浄土の主である阿弥陀如来だ。その手は親指と他の指を接した上に、指をからめた説法印を結んでいるが、これにより極楽浄土で阿弥陀如来が教えを説いている様を表している。

極楽浄土には多くの菩薩たちも住んでいる。菩薩とは、悟りに向かって修行をする人をさす。

てたという。

その後、法蔵比丘は長く厳しい修行を続けた末、悟りを開き阿弥陀如来となり、極楽浄土を建立したのである。

そして、今も阿弥陀如来は極楽浄土で、人々に仏の教えを説いているという。

ちなみに「浄土」という言葉は、仏の国すなわち「仏国土《ぶっこくど》」を意味し、極楽浄土は阿弥陀如来の国をさしている。

また、「極楽」という呼び名については、『阿弥陀経』に「もろもろの苦しみあることなく、ただもろもろの楽しみを受く。ゆえに極楽と名づく」と説かれている。ゆえに極楽の住人は、すべてのことに幸せや安らぎを覚え、苦痛を感じるようなことは一切ない。

（注２）比丘：出家して、修行する者のこと。

極楽では孔雀やオウムなどの美しい鳥たちが飛びまわり、宝石や鈴をあしらった編み目のベールが幾重にもたなびいているという。その中に上半身が人で下半身が鳥という「迦陵頻伽(かりょうびんが)」も空を舞い、仏の教えをさえずり、奏でている。

極楽浄土には、金・銀・瑠璃・水晶などで荘厳された阿弥陀如来の宮殿があるという。その美しい極楽の宮殿を、現世で再現したものが京都宇治の平等院鳳凰堂だ。藤原頼通(よりみち)の発願により1052年に建立されたもので、鳳凰堂の中央に阿弥陀如来像が祀られている。

鳥や飛天が舞う極楽の宮殿

極楽は安らかな幸せに満ちた世界で、心地よい微風（そよ風）が吹いている。その中を極楽の鳥とともに、天衣をまとった飛天（天女）たちが舞っている。

極楽の大地には、瑠璃・水晶などのさまざまな宝石でできている七重宝樹（しちじゅうほうじゅ）という木々が並木になって茂っているという。七宝とは、黄金・紫金・白銀・めのう・サンゴ・白玉・真珠のことで、極楽の世界を荘厳している。

極楽浄土

2

極楽浄土へ人々を導く阿弥陀仏の誓い

五《ご》劫《こう》思《し》惟《ゆい》阿《あ》弥《み》陀《だ》仏《ぶつ》

気が遠くなるほどの時間をかけて、すべての人を救うための方法を考えぬいた法蔵菩薩（のちの阿弥陀如来）。そのとき、髪が伸びて、このような姿になったという。
目を閉じているかのような表情は、半眼（はんがん）といって瞑想しているときの姿を表している。
大衣（たいえ、袈裟の一種）と呼ばれる質素な衣のみを着て、装飾品などは一切身につけていない。また、両腕を袈裟の下に通す着衣法は、通肩（つうけん）と呼ばれる修行中の姿である。

阿弥陀という名は、古代インドの「アミターユス」または「アミターバ」に由来する。その意味は、無限の寿命を持つ仏または無限の光を持つ仏というものだ。p122で説明したように、法蔵比丘《ほうぞうびく》は、最高最善の仏国土を作り人々を導きたいと発心し、遠大な時間をかけて考え、四十八の誓い（四十八願）を立てて、それを実現して仏になり極楽浄土を建立した。

上の五劫思惟阿弥陀仏は、その四十八願を考えたときの姿を仏像に表したものとされる。五《ご》劫《こう》（注1）という途方もない時間を費やしたゆえに、髪が伸びにこのような髪型になったのである。ちなみに、劫とは時間の単位で、計り知れないほど長い時間のことをいう。

（注1）五劫：時間を示す仏教用語で、測ることができないほど途方もなく長い時間のことをいう。

極楽浄土
3
九品《くぼん》の印《いん》
阿弥陀如来の印と九種類の極楽往生

九品の印

右列の三つは「上品」といい親指と人差し指の指先を触れ、中央の三つは「中品」といい親指と中指の指先を触れ、左列の三つは「下品」といい親指と薬指を触れている。

下品上生《げぼんじょうしょう》　中品上生《ちゅうぼんじょうしょう》　上品上生《じょうぼんじょうしょう》

上段の三つは「上生」といい禅定（ぜんじょう）の姿を表したもので、上品上生は阿弥陀定印（じょういん）とも呼ばれる。

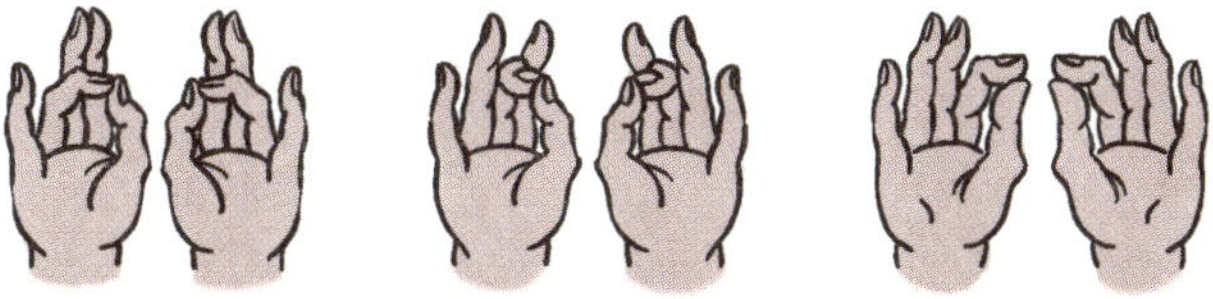

下品中生《げぼんちゅうじょう》　中品中生《ちゅうぼんちゅうじょう》　上品中生《じょうぼんちゅうじょう》

中段の三つは「中生」といい、手のひらを正面に向けて胸前で組むもので説法印（せっぽういん）とも呼ばれる。

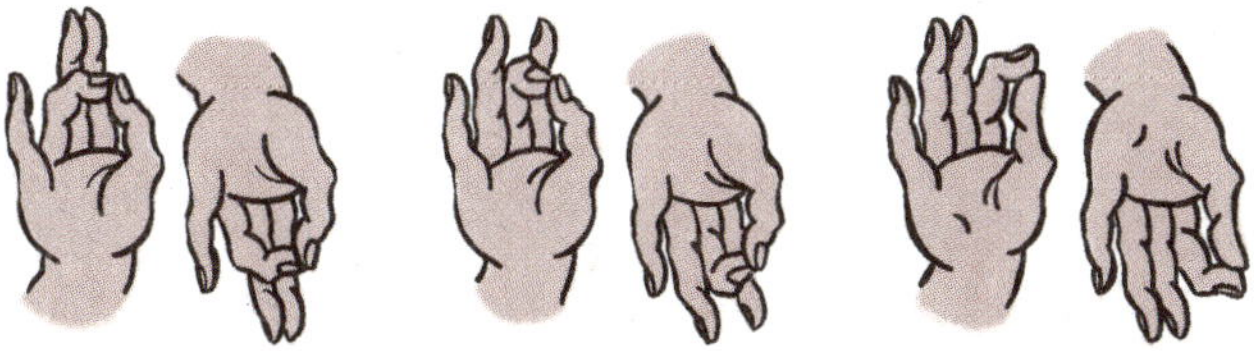

下品下生《げぼんげしょう》　中品下生《ちゅうぼんげしょう》　上品下生《じょうぼんげしょう》

下段の三つは「下生」といい、右手を上げ左手を下げたもので、来迎印（らいごういん）とも呼ばれる。

『無《む》量寿経《りょうじゅきょう》』には、阿弥陀如来が立てた四十八の誓いについて説かれている。その一つに「南無阿弥陀仏《なむあみだぶつ》と私の名を称えるならば、必ず迎えとろう」と述べられている。これを信じ極楽浄土へ往生を願うのが浄土教の根幹になる。極楽浄土の様子が説かれた『観《かん》無《む》量寿《りょうじゅ》経《きょう》』には、極楽往生の仕方は人それぞれの行いや能力によって九種類あると説かれている。その九種とは「上品《じょうぼん》・中品《ちゅうぼん》・下品《げぼん》」の三つに分けられ、さらにそれぞれが「上生《じょうしょう》・中生《ちゅうしょう》・下生《げしょう》」の三つに分かれる。ゆえに仏像や仏画で阿弥陀如来は親指と他の指を触れた九種類の印（注2）＝九品《くぼん》の印（上図）を見せる。これは人を差別するのではなく、いろいろな人を救うことを表す。

（注2）印：仏に祈るときの合掌をはじめ九品の印など、さまざまな手の形のことをいい仏像にも見られる。手印（しゅいん）または印契（いんけい）ともいう。

阿《あ》弥《み》陀《だ》の来《らい》迎《ごう》図《ず》

現世にやって来て極楽浄土へ迎え入れる

阿弥陀三尊来迎図《あみださんぞんらいごうず》

左上には、西の彼方にあるという極楽浄土が描かれている。その世界には極楽の宮殿が立ち、宝石でできた七重宝樹（しちじゅうほうじゅ）が生い茂り、空にはベールがたなびいている。
生前に仏（阿弥陀仏）の教えを信じ、お寺を参拝したり念仏を称えたりするなど功徳を積んだ者が臨終（りんじゅう）を迎えたとき、阿弥陀如来が現れる。
雲に乗って、極楽浄土から現世にやって来た阿弥陀如来（中央の仏）。観音菩薩と勢至菩薩をしたがえて、臨終を迎えた人のもとに現れ、極楽浄土へと導く。

阿弥陀如来の四十八願の第十九番に、「人々が悟りの境地を求めて功徳を積み、まことの心をもって私（阿弥陀如来）の国に往生したいと願ったにもかかわらず、その者が命を終えようとするとき、多くの聖者《せいじゃ》（菩薩）ともに、その人の前に現れよう」と誓いを立てたと記されている。この誓いにもとづいて、死を迎えた者を迎えに阿弥陀如来は現世《げんせ》に現れ、極楽浄土へ導くという。その様子を絵図にしたものを来迎図《らいごうず》と呼び、平安時代以降、天台《てんだい》・真言《しんごん》・浄土系の寺院を中心にさまざまな来迎図が描かれた。観音菩薩《かんのんぼさつ》と勢至菩《せいしぼ》薩《さつ》を脇侍に来迎するもの（上）、二十五菩薩をしたがえたもの（左上）、山の向こうから来迎するもの（左下）などが有名だ。

聖衆来迎図《しょうじゅらいごうず》

中央の金色に輝く仏が、雲に乗って来迎する阿弥陀如来だ。頭の後ろにある円形の光背は、人々を苦しみから救う阿弥陀如来の光明を表したものだ。

阿弥陀如来のまわりを取り囲んでいる菩薩たちは、琵琶や笛、鼓などを手に持ち、極楽の調べを奏でながら来迎する。

山越阿弥陀図《やまごえあみだず》

波のように折り重なった稜線の先から、阿弥陀如来が現世をのぞき込むかのように出現。その姿は金色（こんじき）に光り輝き、両手で来迎印を結んでいる。

向かって左の合掌しているのが勢至菩薩で、右の両手で蓮台を持っているのが観音菩薩だ。観音菩薩は、この蓮台に往生者を乗せて、極楽浄土へ連れていくという。

下部の描かれている4人の武人は、仏の世界の四方を護る四天王（してんのう）。

5

念《ねん》仏《ぶつ》の教え

末法の時代に活躍した浄土教の宗祖たち

善導大師《ぜんどうだいし》(中国浄土教)
(613－681年)

「南無阿弥陀仏」という六文字を称える称名念仏(しょうみょうねんぶつ)を中心にした中国の浄土教を確立した僧。法然は、善導が著した『観経疏(かんぎょうしょ)』(『観無量寿経』を解説した書)の中から、「たとえ心が散漫な人でも、一心に阿弥陀仏の名を称えれば救われる」という言葉を見出し、専修念仏の教えに至ったとされる。

法然《ほうねん》(浄土宗)
(1133－1212年)

美作国(岡山県)に生まれ、13歳で源信も修行した比叡山に登る。43歳のときに比叡山を下り、専修念仏の浄土宗を開宗。主著『選択本願念仏集(せんちゃくほんがんねんぶつしゅう)』をあらわす。しかし、他の仏教勢力から弾圧を受け、四国に流されたが、79歳のときに京へ戻り翌年に没する。

1052年、日本では仏法の力が衰えるとされた末《まっ》法元年《ぽうがんねん》と考えられていた。その年に平等院鳳凰堂《びょうどういんほうおうどう》が建立されるなど、人々は極楽浄土へ往生することを願った。平安末には平氏や源氏が台頭し、治承《ちしょう》・寿永《じゅえい》の乱(注)が勃発。末法末世《まっぽうまっせ》だと盛んにいわれた。その頃、百万《ひゃくまん》遍念仏《べんねんぶつ》で知られる融通念仏宗《ゆうずうねんぶつしゅう》を良忍《りょうにん》が開いた。また、法然《ほうねん》は「難しい修行ができない人でも、念仏(南無阿弥陀仏《なむあみだぶつ》)を称えれば救われる」という専修念仏《せんじゅねんぶつ》に至り、浄土宗を開いた。また、法然のもとで念仏の教えを学んだ親鸞《しんらん》が、関東で念仏の教えを広め、浄土真宗を開いた。その後、鎌倉時代には踊り念仏で知られる一遍《いっぺん》が時宗《じしゅう》を開き、現代に続く浄土系宗派の基礎を築いた。

(注)治承・寿永の乱:源平合戦ともいわれ、1180年から1185年に起こった争乱。壇ノ浦の合戦で平家は滅び、勝利した源氏はのちに鎌倉幕府を開く。

念仏の教えを広めた名僧

一遍《いっぺん》（時宗）
（1239－1289年）

伊予国（愛媛県）に生まれ、10歳で出家。36歳のときに諸国をめぐる遊行の旅に出る。それ以降、「南無阿弥陀仏　決定往生　六十万人」と書かれた念仏札を配りながら、生涯遊行の旅を続けた。

親鸞《しんらん》（浄土真宗）
（1173－1262年）

京に生まれ、9歳で比叡山に登る。29歳のときに法然の弟子となるも、念仏弾圧で越後（新潟県）に流される。放免後、関東で念仏の教えを広め、52歳のときに『教行信証（きょうぎょうしんしょう）』を執筆し浄土真宗を開く。

良忍《りょうにん》（融通念仏宗）
（1073－1132年）

尾張（愛知県）に生まれ、比叡山の常行三昧堂の堂僧になり、不断念仏を修する。1117年、京都の大原に隠棲して、融通念仏を創始する。1127年には摂津平野（大阪府）に大念仏寺を創建する。

column 地獄の四方山話③

地獄と石川五右衛門《いしかわごえもん》の噺《はなし》

見栄を切る石川五右衛門

落語の演目『お血脈《ちみゃく》』の話であるが、ある日閻魔大王が「近頃、地獄にくる者がめっきり減った。何か打つ手はないか？」というと、「善光寺《ぜんこうじ》に牛王宝印《ごおうほういん》という判子があり、それを参拝者が頭に乗せると極《ご》楽往生《くおうじょう》できるそうです」と部下が答えた。閻魔は「その宝印がなくなれば極楽往生する者も減るわけか。何とか盗み出せないのか」と。すると部下は「今、地獄に石川五右衛門《いしかわごえもん》という大泥棒がいます。やつに宝印を盗ませては？」と進言した。閻魔に呼び出された五右衛門はお安い御用と答え善光寺から宝印を盗み出した。そのとき、五右衛門は山門で宝印を頭に乗せ「めでてえな」といって見《み》栄《え》を切った。すると五右衛門自身が瞬時に極楽へ往生したという。

第5章

地獄《じごく》と並び恐れられた妖怪《ようかい》・幽霊《ゆうれい》・怨霊《おんりょう》

病気や天変地異はなぜ起こるのか？　古来より日本では「得体の知れないものの仕業」と考えられ、死後の世界とは別に恐れられてきた。そこで、最後にあの世のものとして恐れられてきた妖怪・幽霊・怨霊の類いを紹介する。

妖怪の出る場所は今も身近にある

妖怪《ようかい》

たぬき・河童、化け猫、雪女、一つ目小僧、ろくろ首、座敷童、のっぺら坊……。
マンガやテレビなどで一度は聞いたことがある妖怪たち。その正体は？

『日本書紀』には、「土蜘蛛《つちぐも》」と呼ばれる人々が、ヤマト平定を進めていた神武《じんむ》天皇の前に立ちはだかり、天皇の軍と戦ったことが記されている。妖怪は、そのような外敵を起源とするものであった。また、人の力が及ばない災いなども妖怪の仕業と考えられた。嵐を呼ぶ風神と雷神、病気をもたらす疫病神などは神と名がついているが妖怪に近い存在だ。

平安時代には、病気は物《もの》の怪《け》が人に憑《つ》くために起こるといわれ、物の怪祓《はら》いの祈祷が行われたと『源氏物語』も伝えている。

鎌倉・室町時代には、御伽《おとぎ》草子《ぞうし》などの物語の中で、妖怪が語られるようになった。有名な酒呑童子《しゅてんどうじ》は、大人なのに童子姿の異界の鬼である。

江戸時代には、妖怪話がますます盛んになり、絵入りの妖怪本が刊行されるようになった。それらの妖怪には、次のような種類がある。

●土蜘蛛など、『古事記』『日本書紀』の神話に始まる妖怪。

●家や道具の妖怪。道具は使っているうちに霊が宿るといわれて、針供養や筆供養などが行われる。そのとき、供養されずに捨てられてしまった道具が付喪神《つくもがみ》（九十九神）と総称される妖怪になった。

●動物の妖怪。具体的には、きつね・たぬき・河童《かっぱ》、化《ば》け猫、うわばみ（大蛇）など。

●人間が変容した妖怪。具体的には雪女や天狗、一つ目小僧、ろくろ首、ぬらりひょん（海坊主）、座敷童《ざしきわらし》、山姥、のっぺら坊、鬼など。

これらの妖怪は、人気のない深山ではなく、多くは人里に現れる。家の窓がアルミサッシになってヒューヒューと吹く風の音が聞こえなくなり、街が夜でも明るくなった現在でも、夕暮れ時の薄暗がりなど不気味な時刻がある。

昼間はにぎやかな学校の夜、廃墟となったホテル、廃線のトンネル、訪れる人がいなくなった神社の祠なども不気味で恐い。今でも、そうした場所に妖怪がいるとSNSなどで語られる。

日本の妖怪

1

百鬼夜行《ひゃっきやこう》

深夜に大勢の鬼が通りを歩く

妖怪たちの行進

仲間が夜に集まって一人ずつ怪談を話す「百物語」も流行した。一話終わるたびに一本の蝋燭の灯を消す。百話が終わって蝋燭の灯がみな消えると、本物の物怪が現れるという。

江戸時代には、傘小僧や釜鳴などいろいろな妖怪が歩く様子を描いた「百鬼夜行絵巻」が数多く作られた。

「アカ」と呼ばれる全身が赤い怪物。後ろ足はなく、前足にはカギ爪がついている。

夜の通りをたくさんの妖怪がぞろぞろと行進する。それは百鬼夜行といって、それを見た人は取り殺されるといわれて恐れられた。これらは平安時代からあった話で、『今昔物語集《こんじゃくものがたりしゅう》』にも記されている。たとえば、巻十四第四十二話に次のような話だ。右大臣藤原良相《よしみ》の子の常行《ときつら》は色を好み、夜な夜な女の家を訪ねていた。ある夜、松明《たいまつ》を点して都の大路をぞろぞろと歩いてくる者があった。物陰に身を隠して見ていると、それは恐ろしい鬼どもで、「人の気配がする。引っ捕らえよう」といっている。しかし、鬼どもは常行を捕らえることはできなかった。なぜかというと、常行の乳母《めのと》が着物の襟に尊勝陀羅尼《そんしょうだらに》という呪文を書いた護符を入れてくれていたからだという。

百鬼夜行でぞろぞろ歩く妖怪の多くは、古傘や古鍋など日用の道具だ。日本では日々使う道具でも使い続けていると持ち主の魂が移るとされている。いわゆる付喪神《つくもがみ》（九十九神）といわれる妖怪になるが、古びて使えなくなり、供養もされずに捨てられてしまうと、夜の街をぞろぞろ歩くようになるというわけだ。

土《つち》蜘《ぐ》蛛《も》

洞窟にいる人食いの妖怪

妖怪話に登場する土蜘蛛は、山中の洞窟に住んでいて、顔は人間で、身体は人間の大人より大きい。
背は低く、長い足で蜘蛛の巣や地べたに這いつくばり、人が近づくと、口から糸を吐いて捕らえて餌食にする。

土蜘蛛は、『古事記』や『日本書紀』の神武天皇の東征の話や景行天皇の九州征伐の話などに登場する。その正体はヤマトに抵抗する土着勢力の蔑称だろう。『常陸国《ひたちのくに》風土記《ふどき》』などに書かれている都知久母《つちぐも》も土蜘蛛のことだ。気心の知れた里の村人たちが、自分たちとは異なる山人などを得体の知れない山の妖怪のように思ったものだろう。

土蜘蛛が世に広く知られるようになったのは、平安時代の武将、源頼光《みなもとのよりみつ》の鬼退治の話が広まってからだ。館で寝ている頼光に土蜘蛛が襲いかかってきたとき。頼光が斬りかかると、土蜘蛛は血を垂らしながら逃げていった。頼光は土蜘蛛を追い、古塚に隠れている土蜘蛛を退治する。この話は、江戸時代に能や歌舞伎で盛んに演じられ、絵入りの読み物にもなった。

歌舞伎では、土蜘蛛が白い糸を幾筋もブワッと投げて頼光らを迎え撃つ場面が人気。水木しげるの『続・妖怪事典』（東京堂出版）では「あやしく繰り出す糸を自由自在に使いこなし（中略）正に妖怪の中のスーパースターである」という。

日本の妖怪 3

今も山奥には大蛇がいる
ヤマタノオロチ

スサノヲに倒された蛇の妖怪

オロチはウワバミともいう。山奥で大蛇に出会ったなど、日本各地の伝説でよく語られている。

ヤマタノオロチ神話に登場する頭と尾が八つある巨大な蛇で、土地神の大事な娘を食べに来るという。

『古事記』によれば、出雲《いずも》の川の上流で土地神の娘のクシナダ（櫛名田比売《くしなだひめ》）が、オロチ（大蛇）に食べられる日が来るといって泣いていた。頭と尾が八つあるオロチだという。スサノオ（須佐之男命《すさのおのみこと》）は、このオロチ（ヤマタノオロチ）を退治して、娘を嫁にしたいと老夫婦にいった。

スサノヲは八つの酒桶《さかおけ》を家の戸口に置いてオロチを待った。そして、酒に酔って寝たオロチを剣で切り刻んで殺した。

尾を切った時に太刀が出てきたので、スサノヲは高天原《たかまがはら》のアマテラス（天照大神）に献上した。その名を「天叢雲剣《あめのむらくものつるぎ》」という。

この剣は、のちに天皇家に伝わる三種の神器《じんぎ》の一つ、「草那藝之大刀《くさなぎのたち》」になる。この神話を伝える島根県と広島県では、今もスサノヲのオロチ退治が石見神楽《いわみかぐら》で演じられている。

ところで、蛇は見た目が不気味なうえに毒蛇もいることから悪魔の仲間とされる。『聖書』の「創世記」でアダムの妻・イブを誘惑する蛇が代表的。反面、蛇は善神でもある。日本ではとくに白蛇を神の使いとして崇める風習がある。

日本の妖怪

4

家《や》鳴《な》り

妖怪がたてる不気味な音

昔の家ではヒューヒューと隙間風が吹きこんだり、雨戸がガタガタと鳴ったりした。夜中にいろいろな物音が聞こえたので、家鳴りの妖怪が語られた。

住宅の窓がアルミサッシとなり、鉄筋のマンションになると、そんな音は聞こえない。ところが、静かなマンションでも、ドアのノック音や水道の音がどこかから聞こえてくる。誰もいないはずの部屋から音が聞こえるといった噂話も生まれ、神がかりした心霊好きによって、ラップ音という新たな怪奇現象の話がSNSで流される。欧米の恐怖映画に登場するポルターガイストも新たな妖怪だ。

静かな部屋で、家具や窓が揺れて突然音をたてる。そんな奇妙な現象を妖怪のせいだと考えた。

日本の妖怪

5

鳴《なり》釜《がま》

飯を炊く音が吉凶をもたらす

鳴釜は供養されずに捨てられてしまった道具の妖怪（付喪神《つくもがみ》）の一種で、飯炊き釜の妖怪だ。

江戸時代中期に刊行された鳥山石燕《とりやませきえん》の画集『百器徒然袋《ひゃっきつれづれぶくろ》』には、頭に釜をかぶった毛むくじゃらの妖怪が書かれており、中国の『白《はく》沢避怪図《たくひかいず》』にある斂女《れんにょ》という妖怪だとの説明書がある。中国人は『西《さい》遊記《ゆうき》』に見られるように、昔から妖怪が大好きで、いろいろな妖怪が語られた。鳴釜もその一つというわけだが、石燕の絵では日本風の絵馬を捧げている。

日本には、釜で飯を炊くときの音から吉凶を占う神事《じんじ》があるので、中国の妖怪が日本風に変容したものだろう。

大きな飯炊き釜を頭に載せた鳴釜は、毛むくじゃらの身体をした妖怪だ。

日本の妖怪
6
傘小僧《かさこぞう》
捨てられた傘が妖怪になった

傘小僧は一本足、唐傘小僧などともいう。大きな一つ目の唐傘から両手と長い舌を伸ばし、一本足で飛び跳ねるのが典型的な姿だ。

よく似た妖怪に、傘をかぶっている雨降り小僧もいるが、こちらは二つ目で二本足で表わされる。

使い古された唐傘《からかさ》が妖怪化した付喪神《つくもがみ》の一種で、人を驚かす以外に、とくに悪さをするわけでもない。そのため、江戸時代によく描かれた百鬼夜行図の一員として登場する以外は、伝えられることが少ない。ただし、その風貌ゆえか、お化け屋敷では欠かせない存在であり、水木しげるの妖怪マンガでも必須のキャラクターになっている。

p135で紹介した百鬼夜行にも登場する妖怪だ。その風貌はさまざまに描かれている。

日本の妖怪
7
一反木綿《いったんもめん》
ヒラヒラと飛ぶ細長い白布

一反とは約11mのこと。この妖怪は細長い木綿の布でヒラヒラと空を飛ぶ。水木しげるの妖怪漫画『ゲゲゲの鬼太郎』によく登場するが、鹿児島県の一部などに伝わるマイナーな妖怪だ。

水木しげるの漫画では、鬼太郎の味方となり悪い妖怪をやっつけるのだが、伝説では夕暮れ時にヒラヒラと飛んで来て人を襲うともいわれる恐い妖怪である。

それというのも、昔の葬儀（野辺の送り）の行列で、棹《さお》の先につけて歩いた白い幡《はた》（細長い旗）がヒラヒラと飛んでいって一反木綿になったともいわれるからだ。

それが起源なら死者が人を招いていることになる。

水木しげるのマンガでは、鬼太郎を乗せて空を飛ぶ妖怪であるが、じつは人を襲う怖い妖怪だ。

日本の妖怪

8

河童《かっぱ》

相撲が大好きな亀の妖怪

河童は陸にも上がるが、頭の皿の水が乾いたり、皿が割れたりすると弱ってしまう。
童子の姿をしていて、背には亀のような甲羅があり、手足に水かきがついていて、口はくちばしのように尖っているという。

柳《やなぎ》田国男《たくにお》の『遠野物語《とおのものがたり》』によると、岩手県遠野市の常堅寺《じょうけんじ》裏の小川に河童が住むという。そこはカッパ淵《ぶち》と呼ばれ、河童の好物といわれるキュウリをつけた釣り竿が一本二百円ほどで貸し出されている。その釣り糸を垂れてみても河童が釣れるはずはないのだが、やってみる人が多い。そんな理屈に合わない非合理なところに妖怪が棲んでいる。

　河童は相撲が好きで、通りがかりの人に勝負をしようという。負けると肛門にある尻子玉《しりこだま》を抜かれる。また、人を水中に引き込んで殺すといわれ、子どもが水死した川の淵には河童がいるという。

　河童伝説は全国的にあり、河太郎、猿猴《えんこう》、水神など地方ごとに異名がある。また、困ったことがあっても「屁《へ》の河童」というのは、河童とは関係ない。小さな木《こ》っ端《ぱ》の火が語源という。

　芥川龍之介の小説『河童』に登場する河童の国は、とても奇妙な世界だ。河童は胎児のうちに生まれるかどうかを問われる。生まれたくないといえば、そのまま消えてしまう。人間もその選択を許されるとしたら、さて、どう答えるのだろう？

日本の妖怪

9

犬神《いぬがみ》

オカルトや差別を生んだ動物霊

「きつね憑《つ》き」「たぬき憑き」などといって、昔から動物の霊が人に憑つくと病気になったり、異様な振る舞いをするといわれる。犬神もその1つで、犬の霊が取り憑いた妖怪だ。

この犬神は、犬というより口が尖ったネズミのようでもある。床下などにいるといい、明るいところを嫌う悪霊である。

このような憑きものを祓《はら》う祈禱《きとう》は今でも行われている。また、憑きものがついた人を祈祷師が激しく折檻《せっかん》して殺してしまう狂気のオカルト事件さえ起こる。

また、犬神憑きの家だと代々いわれて、地域で差別を受けることもあった。

動物の霊が姿を変えて妖怪になったものといわれ、犬神伝説は全国各地に伝わる。

日本の妖怪

10

九尾《きゅうび》の狐

おめでたいキツネの妖怪

狐は、稲荷神《いなりしん》の使いであるとともに、人を化《ば》かしたり、夜道で人を迷わせたりするなど、たぬきとともに伝説が多い。いろいろな狐の伝説の中で、九尾の狐は中国の史書で、泰平《たいへい》の世に現れる瑞獣《ずいじゅう》とされている。古代の日本でも瑞獣とされたが、次第に悪霊《あくりょう》といわれるようになった。

平安時代末、鳥羽《とば》上皇は美貌の玉藻前《たまものまえ》を寵愛《ちょうあい》するうちに重い病を患った。そのとき、ある陰陽《おんみょう》師《じ》が玉藻前の正体は九尾の狐であることをあばいた。

すると、九尾の狐は飛び去って石に変身し、通りかかる人や動物を毒気で殺したという。その石は殺生石《せっしょうせき》（注）と呼ばれた。

九尾のキツネとは、その名の通り尻尾が9本あるキツネのことで、吉兆が起こる前に現れる霊獣とされた。

（注）殺生石：殺生石は僧の手で打ち砕かれたが、そのかけらが全国に飛び散ったという。その飛散先といわれる岡山県や新潟県などには殺生石伝説が今も残る。

この世に思いを残した死霊《しりょう》が化けて出る

幽霊《ゆうれい》

死んだ人の霊が現世にとどまる。そんな幽霊は世界中で語られてきた。
そんな浮かばれない霊の成仏を願う物語が生まれ、葬儀や法事の風習になった。

幽霊とは死んだ人の霊、すなわち死霊《しりょう》が現世にとどまって、生前の姿で現れるものだ。それは人類共通の観念で、世界中に幽霊伝説が伝わる。

もっとも有名な幽霊話は16~17世紀のイギリスの劇作家、シェイクスピアの『ハムレット』だろう。デンマークのハムレット王子の父が弟に毒殺され王位を奪われる。その後、父王の幽霊が夜な夜な城に現れ、ついにハムレットが復讐をとげるがハムレットも死んでしまうという悲劇である。

ハリウッド映画でも『ポルターガイスト』『ゴーストバスターズ』など霊界ホラー作品が登場している。そのホラーの恐怖は、悪魔の仕業とされるところにあるようだ。キリスト教文化圏では、世界は神の秩序のもとにあり、それに反逆するのが悪魔だ。風もないのに扉がバタンと開いたりするような、ありえない現象に対して欧米人は恐怖を感じるようだ。しかし、その恐怖も今では娯楽化し、ハロウィンの幽霊仮装などは毎年恒例の楽しい催しになっている。

日本でも妖怪など異界のものは、欧米のゴーストに近い。それに対して日本の伝統的な幽霊は死霊《しりょう》である。事故で若くして命を絶たれた人や、恨みを残して死んだ人の霊は浮かばれず幽霊になる。それらの霊に対して読経《どきょう》(お経をあげ)して供養する。そうして霊が安らぐことを成仏《じょうぶつ》という。

江戸時代には、浮かばれない理由が物語化されて怪談が語られるようになった。「四谷《よつや》怪談《かいだん》」「牡丹灯籠《ぼたんどうろう》」などの名作が生まれ、芝居や講談、落語でも演じられた。

日本では、故人の霊の成仏を願うことが、葬儀や法事などの葬送の風習になっている。遺体を野辺《のべ》で荼毘《だび》にふしたり、土葬《どそう》した昔に比べれば、儀式は軽くなってはいるが、ときには通常の方法では浮かばれないこともある。たとえば東日本大震災で多くの犠牲者が出た三陸地方では、幽霊を乗せたというタクシードライバーの話が聞き取られている。

日本の幽霊
1

絵に描かれた幽霊

足がない白装束の幽霊を描いた円山《まるやま》応挙《おうきょ》

足のない白装束の女

幽霊が身につけている白装束は、死出の旅（p63）でも説明した死に装束のことで、冥界の旅路を行く服装だ。伸びた髪も哀れな感じを強調している。

応挙の幽霊画では着物の裾が空中にとけこむように消え、はっきりとした形のない幽かな霊の姿が表されている。手の先が力なく垂れているのも幽霊画の典型になった。

白《しろ》装束《しょうぞく》を着て、額に三角の布をつけているのが一般的な幽霊のイメージだ。白装束はあの世の旅装、三角の布は天冠《てんかん》（額烏帽子《ひたいえぼし》）という。それは葬送の際、遺体を棺に入れるときの死装束《しにしょうぞく》だった。棺には杖《つえ》とわらじを入れるのが習わしだったので幽霊にも足があるはず。妖怪や物の怪の絵には足があるが、幽霊は足がない。

そのイメージは江戸時代の絵師、円山応挙《まるやまおうきょ》（1733〜1795年）が決定づけたといわれている。応挙は京都府亀岡市の農家に生まれ、10代で京へ出て、狩野派系に学んだ本格的な画家であるが、伝統的な画法に加えて写生を重視した。幽霊を写実的に描いたことから、紙から本当に幽霊が出てきたという伝説もある。

ところで、幽霊の「幽」は「かすか」また「くらい」と読み、薄暗くほのかなことをいう。そこから、目に見えないあの世を幽界ともいう。

したがって、幽霊は暗いところでほのかに見える人の姿の霊である。

ぼんやり浮かぶ足のない姿の応挙の幽霊画は、いかにも幽霊らしいものといえよう。

日本の幽霊 2

四谷怪談《よつやかいだん》

夫に殺されたお岩《いわ》の恨み

江戸の雑司ヶ谷《ぞうしがや》四谷町《よつやちょう》（東京都豊島区）であった事件をもとに歌舞伎《かぶき》狂言《きょうげん》作者の鶴屋南北《つるやなんぼく》が書いた『東海道四谷怪談』で知られる。

浪人の伊右衛門《いえもん》にはお岩という妻がいたが、伊右衛門を娘の聟《むこ》に迎えたいという話があった。邪魔になったお岩は病気に効く薬だといわれて毒薬を飲まされる。

髪がばさりと抜け、目は腫れ上がって、お岩は化け物のような顔になり、伊右衛門を恨みながら死んでいく。そのうえ伊右衛門は、お岩の浮気相手だという男を殺し、一緒に水路に流した。その後、お岩の幽霊が現れ、伊右衛門を取り殺す。

今も歌舞伎で『四谷怪談』が行われる際は、お岩ゆかりの寺社で祈禱が行われている。

伊右衛門に毒を飲まされたお岩は、目のまわりが腫れ上がり、髪の毛が抜けおち、恐ろしい風貌になった。

日本の幽霊 3

番町皿屋敷《ばんちょうさらやしき》

一枚の皿のために死んだお菊《きく》さん

江戸の牛込御門内《うしごめごもんない》五番町に火付盗賊改《ひつけとうぞくあらため》・青山主《あおやましゅ》膳《ぜん》の屋敷があり、お菊という女が奉公していた。

ある日、お菊は主膳が大事にしていた十枚の皿の内、一枚を割ってしまった。怒った主膳は菊を手打ちにすると、部屋に閉じ込めたのだが、お菊は抜け出して井戸に身を投げた。

その後、夜ごとに井戸にお菊の幽霊が現れ、「一枚、二枚……」と皿を数えるようになった。

兵庫県姫路市にも「播州《ばんしゅう》皿屋敷」という話があり、姫路城内のお菊井戸がある。

また、あたりにいるジャコウアゲハの蛹は「お菊虫《きくむし》」と呼ばれている。

お菊が身を投げた井戸では、夜な夜な「一枚、二枚」と恨めしげにお皿を数える女の声が響きわたる。

日本の幽霊

4 牡丹灯籠《ぼたんどうろう》

墓場から訪れる恋の幽霊

ある日、浪人の萩原新三《はぎわらしんざぶ》郎《ろう》が、お露《つゆ》という娘に出会い、お互いに一目惚れしたが、なかなか会えないうちに、お露はやつれて死んでしまった。それを知った新三郎は、毎日お露のために念仏を唱えて過ごした。

そして、盆の入りの十三日の夜、新三郎がいつものように、お露に思いを馳せていると、カランコロン下駄の音が聞こえ、牡丹飾りの提灯を下げたお露がやってきた。

それから毎晩、逢瀬《おうせ》を重ね新三郎も死んでしまう。

この話は江戸時代末期に創作された落語の怪談噺《かいだんばなし》で、夏によく演じられた。

お盆は7月または8月の13日に迎え火を焚いて故人の霊を迎え入れる。その日にお露は牡丹飾りの燈籠を手にやってきた。

日本の幽霊

5 船幽霊《ふなゆうれい》

海で死んだ船乗りの幽霊

船幽霊は、いろいろな海の幽霊の総称だ。映画『パイレーツ・オブ・カリビアン』の幽霊船も、船幽霊の一種である。

中にはタコの妖怪みたいな海坊主など、いろいろな船幽霊の話が各地の漁村に伝わるが、広く語られてきたのは、船乗りを死人の仲間に引き入れようとする話だ。柄《ひ》杓《しゃく》を貸してほしいというので、それを貸すと船に水を汲み入れて沈められる。だから、柄杓を貸すときは底を抜いてから渡すのがよいという。遭難して死んだ船乗りの幽霊だろう。

また、瀬戸内海の壇ノ浦のあたりでは、滅びた平家《へいけ》の幽霊が出るといわれる。

四方を海に囲まれた日本では、船幽霊の話が全国各地に伝わる。無念にも海で亡くなった人の幽霊が、海に人を引きずり込む。

恨みを残して非業の死を遂げた者が人々を祟る

怨霊《おんりょう》

無念の死を遂げた者が人々に祟るという怨霊。長屋王・菅原道真・平将門・崇徳上皇……。世を震え上がらせた怨霊の話は、奈良時代から平安時代にかけて数多く伝わる。

平城京に遷都後、奈良の都《みやこ》と周辺には薬師寺《やくしじ》や東大寺などの巨大寺院が建立され、荘厳な街並みとともに天皇を中心とした律令国家《りつりょうこっか》のかたちが整えられた。一方、都の繁栄とは裏腹に、奈良時代から平安時代にかけては天《てん》然痘《ねんとう》などの疫病《えきびょう》が流行し、干ばつや地震といった天変地異が人々を苦しめたのである。

そんな時代にあって、人々が恐れたのが怨霊だ。怨霊とは陰謀などによって無残な境遇に貶められた者や、争いに敗れた者が亡くなって人々に祟りをなすというもの。それゆえ、重い病気に罹り亡くなった人や不慮の事故で亡くった人は、怨霊のせいだと信じたのである。

729年、天武《てんむ》天皇の孫にあたる右大臣の長屋王《ながやおう》が、藤原氏の長ら（藤原武智麻呂《むちまろ》・房《ふさ》前《さき》・宇合《うまかい》・麻呂の4兄弟）の讒言《ざんげん》によって失脚した。藤原氏は、自分たちの地位を脅かす長屋王を「妖術によって国家転覆を謀っている」とし、館に軍勢を差し向けこれを包囲。長屋王は家族ともども自害に追い込まれたのである。世に言う「長屋王の変」である。

しかし、話はこれで終わらなかった。737年、長屋王が無念の死を遂げた8年後、長屋王を死に追いやった藤原4兄弟が次々と疫病（天然痘）に罹り、わずか4ヶ月の間に落命した。くわえて都は火事や地震に見舞われた。

長屋王の祟りでは……。この一連の出来事は、のちに長屋王の怨霊のせいだと語られるようになった。

奈良時代から平安時代にかけて、朝廷内では非業の死を遂げた皇族や貴族が後を絶たなかった。皇位継承の問題で兄の桓武天皇に翻弄された挙げ句、非業の死を遂げた早良《さわら》親王。才能があったために藤原氏に狙われ、無念の死を遂げた菅原道真《すがわらのみちざね》。皇族・藤原氏・源氏・平氏を巻き込む戦い（保元《ほうげん》の乱）で、弟の後白河天皇に敗れ、讃岐《さぬき》国で亡くなった崇徳《すとく》上皇。彼らはみな死して怨霊になり、人々に恐れられたのである。

長屋王の変

729年2月、長屋王に国家を傾ける謀反があるとして、漆部君足（ぬるべのきみたり）らが朝廷に密告。藤原宇合（うまかい）らの兵が長屋王の館を囲み、長屋王は一族とともに自害した。

長屋王に謀反の
疑いがかけられる。

藤原氏に攻められ
長屋王は自害。

無念の死を遂げた
長屋王は、自分を
死に追いやった
者どもを祟った。

日本の怨霊

1

菅原道真《すがわらのみちざね》

日本三大怨霊の一人で雷神《らいじん》となり内裏《だいり》を襲った貴族

845～903年

内裏《だいり》を襲った雷神《らいじん》

落雷で慌てふためく公卿たち。このとき公卿二人が亡くなり、天皇が住む清涼殿が死で穢された。
道真の怨霊
清涼殿の貴族たち
都では死の穢れがもっとも恐れられていた。それゆえ、平安京では死刑が行われなかったほどだ。
伝承では、菅原道真の怨霊が雷神になって、清涼殿を襲ったという。

866年8月、藤原良房《よしふさ》が臣下の身分で初めて摂政《せっしょう》となり藤原氏の朝廷内での権勢が高まった。

その頃、下級貴族出身の菅原道真は紀伝道《きでんどう》（中国の歴史や文学を学ぶもの）で才能を発揮し、899年には右大臣に任じられた。しかし901年、道真は大宰府《だざいふ》（注）に送られた。それは道真を都から追い払うための左大臣藤原時平《ときひら》の謀略だった。その2年後、道真は大宰府で没する。

ところが、6年後の909年に時平は39歳で死亡し、930年には内裏の清涼殿《せいりょうでん》に落雷があり、二人の公卿《くぎょう》が亡くなった。それらは道真の祟りによるとされ、醍醐《だいご》上皇は恐ろしさのあまり数ヶ月後に没したのである。その後、朝廷は道真の冤罪《えんざい》を認めた上で、北野天満宮《きたのてんまんぐう》に神として祀り、道真の怨霊は鎮められたという。

わが魂は雷神となる

（注）大宰府：7世紀後半に北九州（福岡県）に設置された、軍事や外交などを任務とする行政機関。

5 首が飛び人々を祟る

日本の怨霊

2

平将門《たいらのまさかど》

日本三大怨霊の一人で非業《ひごう》の死を遂げた猛将

903?~940年

将門の首は、京より自らが支配した関東へ向かって飛んでいったと伝わる。

京の河原で晒された将門の首は、目を見開き、声を発するなど都の人々を恐れさせたという。

将門の首が落ちたと伝わる地には、「将門の首塚」が残る。その中の一つ、東京都千代田区の首塚では戦後、その地の改修工事を始めたところ関係者が不慮の死を遂げた……と。怨霊伝説は今も生きている。

桓武天皇の子孫である平将門は、都から関東へと下った一族で、土地を守るために武装化した初期の武士であった。父の平良将《よしまさ》が亡くなると、将門はおじの平国香《くにか》らと不仲になり、攻撃を受けるもすべて撃退。朝廷の支配が及ばない関東で力を示した。939年、将門は常陸国（茨城県）の国府を制圧し、下野国《しもつけのくに》（栃木県）と上野国《こうづけのくに》（群馬県）を占領。新皇《しんのう》（新しい天皇）を名乗った。

それに対して朝廷は将門追討軍を関東に派遣。将門は朝廷方の藤原秀郷《ひでさと》らと戦闘中に矢を受け戦死。その首は京の都大路《みやこおおじ》で晒《さら》されたのである。

しかし、首となった将門は、両眼を見開き、ついには関東へ飛んでいったという。以降、人々は将門の祟りを恐れ、各地に首塚を造り将門の怨霊を鎮めたという。

日本の怨霊 3

崇徳上皇《すとくじょうこう》

日本三大怨霊の一人で最凶と恐れられた上皇

1119～1164年

夜叉《やしゃ》のごとく怒り狂う怨霊

髪は伸び放題で、その姿は夜叉のごとく恐ろしい姿をしていたという。
天狗のごとく都の空を飛び回る崇徳上皇の怨霊。
崇徳上皇の怨霊
崇徳上皇を死に追いやった後白河天皇は、京の春日河原に神社を建てるなど、崇徳上皇の怨霊の供養に務めたという。

1141年、崇徳天皇は、父の鳥羽《とば》上皇の命で、体仁《なりひと》親王（近衛《このえ》天皇）に天皇の位を譲り上皇となった。その後、近衛天皇が没し崇徳上皇は子の即位か、自らの重祚《ちょうそ》（注）を願ったが、それは叶わず弟の後白河《ごしらかわ》天皇が即位した。翌年、院政をしていた鳥羽上皇が亡くなると崇徳上皇と後白河天皇が対立し戦に発展した。藤原氏・平氏・源氏を二分した保元《ほうげん》の乱である。

結果は後白河方の攻撃により、崇徳上皇の白河殿が炎上し、後白河方が勝利し崇徳上皇は讃岐国《さぬきのくに》（香川県）に流され、京に戻ることなく没した。

その後、京の都では大火や後白河方の者が亡くなるなど災いが続き、人々は崇徳上皇の祟り（怨霊）を恐れたという。

日本国の大魔縁《だいまえん》となろう

(注)重祚：退位した天皇が、再び天皇の位につくこと。

日本の怨霊
4
早良親王《さわらしんのう》
兄に謀られ死を遂げた親王
750?〜785年

平安初期にもっとも恐れられたのが早良親王の怨霊だ。早良親王は、桓武天皇の実弟で、次の天皇の座を約束されていた親王、すなわち皇太子だ。しかし、皇位継承をめぐって状況が一変する。自身の皇子を後継者に願った桓武天皇は、早良親王に無実の罪（藤原種継《たねつぐ》暗殺）をきせて、皇太子を廃したのである。その後、早良親王は淡路国《あわじのくに》（徳島県）に流されることになったが、無実を訴え絶食し、無念のうちに死を迎えた。

早良親王の祟りはすさまじく、疫病が流行し、桓武天皇の実母や后が亡くなるなど災厄が続いたという。そして、祟られた桓武天皇は錯乱状態に陥ったとも伝えられる。

早良親王の怨霊

早良親王の祟りを鎮めるために、さまざまな鎮魂の法会が行われた。また、800年には「崇道（すどう）天皇」の名をおくって怨霊を慰めた。

日本の怨霊
5
伊予親王《いよしんのう》
兄の謀略で死して怨霊となった親王
?〜807年

806年に桓武天皇が亡くなると、第一皇子の平城《へいぜい》天皇が即位し、暗殺された藤原種継の子の藤原仲成《なかなり》と妹の薬子《くすこ》が重用された。翌年、平城天皇の異母弟にあたる伊予親王を謀反の疑いで捕らえ、母の藤原吉子《よしこ》とともに大和国《やまとのくに》（奈良県）に幽閉した。その直後に二人は服毒自殺を遂げたのである。この事件は伊予親王を排除するための平城天皇の陰謀とされるが、伊予親王は死して怨霊となり、陰謀に加わった人々を祟った。

無実の罪で伊予親王を葬った平城天皇は、怨霊に悩まされ、病に陥り、809年に弟の嵯峨《さが》天皇へ譲位せざるをえなくなったと伝えられる。

伊予親王の怨霊

嵯峨天皇の次に即位した淳和（じゅんな）天皇も、怨霊を大いに恐れた。実際、真言宗を開いた空海に、伊予親王の怨霊を鎮める祈禱を頼んだことが、空海の文集『性霊集（しょうりょうしゅう）』に記されている。

あとがき

地獄を奈落《ならく》ともいう。古代インドの神話にあるナラカに漢字をあてたものだ。

ナラカは死者たちの王・ヤマの国で、はじめは天上《てんじょう》にあり幸福な光の国だった。ところが、ナカラは天上から地下に移って闇の国になり、ヤマ王は地獄の主宰者になった。中国では閻魔と表記し、冥府の王の一人になる。

では、なぜ死者の国は地獄に変わったのか？

古代に国の内外で争いがよくあった頃、人を殺してもそれほど罪と感じることはなかったようだ。しかし、次第にそれが恐ろしくなる。殺人や傷害、盗みなどの犯罪に限らず、虚《きょ》言《げん》、貪欲《どんよく》、邪淫《じゃいん》など、世間のモラルに反すれば非難され、罰を受ける。

この世で生きているうちはうまく誤魔化《ごまか》せても、後生《ごしょう》（死後）で処罰されるかもしれないとなったら、どうだろう。死後に待ち受けている閻魔大王の目は誤魔化せまい。

日本では、平安時代の『往生要集《おうじょうようしゅう》』などによって、地獄の刑罰の恐ろしさが語られ、しかもそれは自分が犯した罪のため、自業自得《じごうじとく》の結果だと強調された。

その後、鎌倉・室町時代には戦記物《せんきもの》や御伽草子《おとぎぞうし》などの物語の中で、三途《さんず》の川や地獄がよく語られるようになった。

さらに江戸時代には地獄絵が紙芝居のように演じられ、読み物や講談・落語でも地獄の話や怪談が人気の演目にもなった。地獄が娯楽化したわけだ。

それでも、「悪いことをしていると畳の上で死ねないぞ（まともな死に方ができず、地獄におちる）」といわれて、悪を止める力になった。

地獄や妖怪の話は、現在のアニメやマンガでも人気だが、それが現実の悪を止める力は弱くなった。たとえば不祥事を起こした政治家などが、記者会見で「法的には何も悪くない」とよくいう。昔はそんないい分は成り立たなかった。法的には悪くなくても、神仏《しんぶつ》や閻魔大王はお見通しだ。地獄で罰を受けるに違いないと思われたからだ。

今もその感覚は生きている。だから、「法的に悪くない」などという弁解が、世間の納得を得られることは決してないだろう。

大角 修（地人館代表）

索引

あ

アカ		135
悪行	あくぎょう	58
芥川龍之介	あくたがわりゅうのすけ	140
阿修羅(アスラ)	あしゅら	78-81
悪見処	あっけんしょ	43
阿難尊者	あなんそんじゃ	73
阿鼻地獄(無間地獄)	あびじごく	13, 28-29, 52-56, 107
天照大神	あまてらすおおみかみ	99
天の沼矛	あめのぬまほこ	98
アミターユス(アミターバ)		126
阿弥陀経	あみだきょう	122-123
阿弥陀三尊像(来迎図)	あみださんぞんぞう	95, 128
阿弥陀如来(阿弥陀仏)	あみだにょらい	94, 108-109, 122-123, 127, 128-129
天叢雲剣(草那藝之大刀)	あめのむらくものつるぎ	137
闇火風処	あんかふうしょ	49
闇冥処	あんみょうしょ	35

い

イザナギ		98-99
イザナミ		98-99
石川五右衛門	いしかわごえもん	132
畏熟処	いじゅくしょ	39
一反木綿	いったんもめん	139
一遍	いっぺん	130-131
犬神	いぬがみ	141
伊予親王	いよしんのう	151
インドラ(インドラ神)		26, 78-79

う

牛になった女	うしになったおんな	76
雨山聚処	うせんじゅしょ	56
有頂天	うちょうてん	86
石女地獄(不産女地獄)	うまずめじごく	104

え

役牛	えきぎゅう	75
衣領樹	えりょうじゅ	10, 64
縁覚	えんがく	69
縁起	えんぎ	68-69
閻婆度処	えんばどしょ	56
閻浮提(南閻浮提)	えんぶだい	26-27
閻魔大王(閻魔王)	えんまだいおう	4, 8, 25, 66, 93, 107, 113, 114-117
延命地蔵菩薩像(経)	えんめいじぞうぼさつぞう	93

お

お岩	おいわ	144
瓮熟処	おうじゅくしょ	34
往生要集	おうじょうようしゅう	10, 24-25, 28, 70, 80, 82, 86, 94
大八洲	おおやしま	98
大涌谷	おおわくだに	119
お菊	おきく	144
恐山	おそれざん	118
お露	おつゆ	145
小野篁	おののたかむら	92, 119
厭離穢土	おんりえど	25, 82, 94
怨霊	おんりょう	146-151

か

火雲霧処	かうんむしょ	45
餓鬼(道)	がき	16, 58-59, 67-68, 70-73
餓鬼草紙	がきぞうし	110-111
柿本人麻呂	かきのもとひとまろ	100

極楽浄土（安楽国）	ごくらくじょうど	94-95, 122-125
五劫思惟阿弥陀仏	ごこうしゆい あみだぶつ	126
古事記	こじき	98, 134, 136-137
後白河天皇	ごしらかわてんのう	150
牛頭の羅刹	ごずのらせつ	14
五道転輪王	ごどうてんりんおう	9
欣求浄土	ごんぐじょうど	94
今昔物語集	こんじゃくものがたりしゅう	88-89, 135
さ		
斎藤茂吉	さいとうもきち	106
賽の河原（地蔵和讃）	さいのかわら	90-91, 107
罪問間樹	ざいもんかんじゅ	62
嵯峨天皇	さがてんのう	151
早良親王	さわらしんのう	146, 151
三悪道	さんあくどう	58, 67, 68
三界萬霊供養	さんかいばんれいくよう	73
三教指帰	さんごうしいき	102
三途の川	さんずのかわ	64-65, 106
三善道	さんぜんどう	58, 67, 68
サンサーラ（輪廻）		60
し		
食気	じきけ	71
食吐	じきと	70
地獄絵	じごくえ	94
地獄極楽図	じごくごくらくず	106-107
地獄草紙	じごくぞうし	110-111
地獄道	じごくどう	25, 58, 67, 68
時宗	じしゅう	130-131
四十八願（四十八の誓い）	しじゅうはちがん	122, 126-127, 128
地蔵十王経	じぞうじゅうおうきょう	6, 25, 91
地蔵菩薩（像）	じぞうぼさつ	67, 90-93, 107
傘小僧	かさこぞう	133, 139
河童	かっぱ	140
火末虫処	かまつちゅうしょ	45
鴨長明	かものちょうめい	101
迦陵頻伽	かりょうびんが	124
観音菩薩	かんのんぼさつ	95, 117, 128-129
桓武天皇	かんむてんのう	146, 151
観無量寿経	かんむりょうじゅきょう	127
き		
北野天満宮	きたのてんまんぐう	148
紀伝道	きでんどう	148
九尾の狐	きゅうびのきつね	141
経帷子	きょうかたびら	62-63
叫喚地獄	きょうかんじごく	12, 28-29, 44-45
く		
空海（弘法大師）	くうかい	102-103
倶生神	ぐしょうしん	5
九相図	くそうず	82-85
九品の印	くぼんのいん	127
熊野観心十界曼荼羅	くまのかんじんじっかい まんだら	112-113
蜘蛛の糸	くものいと	120
け		
血盆経	けつぼんきょう	104
源氏物語	げんじものがたり	134
源信（恵心僧都）	げんしん	24-25
懸枝翁	けんねおう	10, 64
こ		
業（カルマ）	ごう	5, 58
光仁天皇	こうにんてんのう	114
業の秤	ごうのはかり	5
興福寺	こうふくじ	81
牛王宝印	ごおうほういん	132
五官王	ごかんおう	7, 67
極苦処	ごくくしょ	35
黒縄地獄	こくじょうじごく	28-29, 36-39
黒肚処	こくとしょ	55

す		
菅原道真	すがわらのみちざね	146, 148
スサノオ	すさのお	137
崇徳上皇	すとくじょうこう	146, 150
せ		
勢至菩薩	せいしぼさつ	95, 128-129
清涼殿	せいりょうでん	148
施餓鬼会	せがきえ	73
善行	ぜんぎょう	58
善見城	ぜんけんじょう	86-87
善光寺	ぜんこうじ	132
善導大師	ぜんどうだいし	130
そ		
宋帝王	そうていおう	7, 67
雑林苑	ぞうりんえん	87
た		
大叫喚地獄	だいきょうかんじごく	28-29, 46-47
泰山王	たいざんおう	8, 67
帝釈天(インドラ)	たいしゃくてん	86-87
大焦熱地獄	だいしょうねつじごく	13, 28-29, 50-51
大日本国法華験記	だいにほんこくほっけげんき	77, 108, 116-117
平国香	たいらのくにか	149
平将門	たいらのまさかど	149
多苦処	たくしょ	35
多苦悩処	たくのうしょ	43
大宰府	だざいふ	148
奪衣婆	だつえば	10, 64
奪魂鬼	だっこんき	61
奪精鬼	だっせいき	61
縛魄鬼	だっぱくき	61
立山	たてやま	108, 118
立山地獄	たてやまじごく	109
立山曼荼羅	たてやままんだら	108-109
玉藻前	たまものまえ	141
ち		

七重宝樹	しちじゅうほうじゅ	125
疾行餓鬼	しっこうがき	110
糞尿処	しでいしょ	34
死出の装束	しでのしょうぞく	63
死出の旅	しでのたび	60-67
死出の山(死天山)	しでのやま	62
四天王	してんのう	79, 129
釈迦(如来)	しゃか(にょらい)	68-69, 73, 85, 120
赤光	しゃっこう	106
十王(十王信仰)	じゅうおう	6-9, 25, 66-67
修験道	しゅげんどう	108
衆合地獄	しゅごうじごく	12, 28-29, 40-43, 107
十界	じゅっかい	69, 112-113
酒呑童子	しゅてんどうじ	134
受鋒苦処	じゅほうくしょ	47
須弥山	しゅみせん	26-27, 79
受無辺苦処	じゅむへんくしょ	47
修羅道	しゅらどう	25, 58, 67, 68, 78-81
小地獄	しょうじごく	33
聖衆来迎図	しょうじゅらいごうず	94, 129
浄土(仏国土)	じょうど	123
浄土教	じょうどきょう	25, 130
浄土三部経	じょうどさんぶきょう	122
浄土宗	じょうどしゅう	130
浄土真宗	じょうどしんしゅう	130-131
焦熱地獄	しょうねつじごく	28-29, 48-49
浄波璃の鏡	じょうはりのかがみ	5, 112
声聞	しょうもん	69
初江王	しょこうおう	7, 67
死霊	しりょう	142
秦広王	しんこうおう	6, 67
新皇	しんのう	149
親鸞	しんらん	130-131

人道	にんどう	25, 58, 67, 68, 82-85
ぬ		
布橋(灌頂)	ぬのはし	109
の		
納経帳(御朱印帳)	のうきょうちょう	63
は		
八寒地獄	はちかんじごく	96
八大地獄	はちだいじごく	28-56
初瀬山	はつせやま	100-101
播州皿屋敷	ばんしゅうさらやしき	144
番町皿屋敷	ばんちょうさらやしき	144
ひ		
比叡山	ひえいざん	24-25, 116
常陸国風土記	ひたちこくふどき	136
百器徒然袋	ひゃっきつれづれぶくろ	138
百鬼夜行	ひゃっきやこう	135
平等院鳳凰堂	びょうどういんほうおうどう	124
平等王	びょうどうおう	9
ふ		
不喜処	ふきしょ	35
普賢菩薩	ふげんぼさつ	67
普受一切資生苦悩処	ふじゅいっさいししょうくのうしょ	51
藤原宇合	ふじわらのうまかい	146
藤原薬子	ふじわらのくすこ	151
藤原常行	ふじわらのときつら	135
藤原時平	ふじわらのときひら	148
藤原永手	ふじわらのながて	114-115
藤原仲成	ふじわらのなかなり	151
藤原秀郷	ふじわらのひでさと	149
藤原房前	ふじわらのふささき	146
藤原麻呂	ふじわらのまろ	146
藤原武智麻呂	ふじわらのむちまろ	146
藤原良相	ふじわらのよしみ	135
藤原頼通	ふじわらのよりみち	124
仏界	ぶっかい	69
畜生道	ちくしょうどう	25, 58, 67, 68, 74-77
血の池地獄	ちのいけじごく	105
中国浄土教	ちゅうごくじょうどきょう	130
つ		
付喪神(九十九神)	つくもがみ	134-135
土蜘蛛(都知久母)	つちぐも	134, 136
鶴屋南北	つるやなんぼく	144
て		
鉄野千食処	てつやかんじきしょ	55
天道	てんどう	25, 58, 67, 68, 86-87
天人五衰	てんにんごすい	68, 87
天魔(第六天魔王)	てんま	59
天武天皇	てんむてんのう	146
と		
等活地獄	とうかつじごく	11, 28-29, 30-35, 106
等喚受苦処	とうかんじゅくしょ	39
遠野物語	とうのものがたり	140
刀葉林の景	とうようりんのけい	12, 41, 107
忉利天	とうりてん	26-27, 86-87
刀輪処	とうりんしょ	34
都市王	としおう	9
鳥羽上皇	とばじょうこう	141, 150
鳥山石燕	とりやませきえん	138
な		
長屋王(の変)	ながやおう	146-147
那落迦(奈落)	ならか	26
鳴釜	なりがま	138
に		
日本書紀	にほんしょき	134, 136
日本霊異記	にほんりょういき	75, 76, 114-115
忍苦処	にんくしょ	43

黄泉の国	よみのくに	98-99
ら		
来迎図	らいごうず	128-129
り		
良源（元三大師）	りょうげん	24
良忍	りょうにん	130-131
両婦地獄	りょうぶじごく	105
輪廻転生	りんねてんしょう	58
れ		
霊験譚	れいげんたん	114, 116
ろ		
六地蔵（京都六地蔵）	ろくじぞう	92
六道（の世界）	ろくどう	25, 58-59, 68
六道絵	ろくどうえ	32, 38, 42, 54, 111
六道珍皇寺	ろくどうちんこうじ	119
六文銭	ろくもんせん	63, 65

不動明王	ふどうみょうおう	67
船幽霊	ふなゆうれい	145
分茶梨迦処	ぶんだりかしょ	49
へ		
別府	べっぷ	119
変成王	へんじょうおう	8, 67
ほ		
保元の乱	ほうげんのらん	146, 150
方丈記	ほうじょうき	101
法蔵比丘	ほうぞうびく	122-123
法然	ほうねん	130
法華経	ほけきょう	116-117
菩薩	ぼさつ	69
牡丹灯籠	ぼたんどうろう	142, 145
ま		
円山応挙	まるやまおうきょ	143
万葉集	まんしょうしゅう	100-101
み		
源頼光	みなもとのよりみつ	136
弥勒菩薩	みろくぼさつ	67
む		
無量寿経	むりょうじゅきょう	122, 127
も		
文殊菩薩	もんじゅぼさつ	67
や		
薬師如来	やくしにょらい	67
柳田国男	やなぎたくにお	140
家鳴り	やなり	138
山越阿弥陀図	やまごえあみだず	129
ヤマタノオロチ		137
大和長谷寺	やまとはせでら	101
ゆ		
融通念仏宗	ゆうずうねんぶつしゅう	130-131
幽霊	ゆうれい	142-145
幽霊画	ゆうれいが	143
よ		
妖怪	ようかい	134-141
四谷怪談	よつやかいだん	142, 144

イラスト　ほしのちなみ

群馬県出身。本を手にとった人が「楽しくなるような生き生きとした絵」をモットーに活動中。また、書籍以外にもアパレルイベントのキービジュアルや一般企業の社史漫画など、さまざまなジャンルを手がけている。イラストを担当した主な書籍に『陰陽師の解剖図鑑』『日本の仏様解剖図鑑』『平家物語 解剖図鑑』（エクスナレッジ）、『絵で見て楽しい！はじめての落語』（すばる舎）、『現代民俗学入門』（創元社）など多数。

著　大角　修（おおかど・おさむ）

1949年、兵庫県生まれ。東北大学文学部宗教学科。宗教評論家。有限会社地人館代表。著書に『浄土三部経と地獄・極楽の事典』（春秋社）、『法華経の事典　信仰・歴史・文学』（春秋社）、『天皇家のお葬式』（講談社現代新書）、『全品現代語訳　法華経』（角川ソフィア文庫）、『基本資料で読む 日本の仏教全史』（角川選書）など多数。

編集・構成　地人館

仏教書を中心に書籍の編集・執筆を行う制作会社として、1983年に設立。以後、児童書、歴史書、健康書など幅広い分野の出版物を手がける。2021年より電子書籍シリーズ「地人館E-books」を開始。編著として『日本史歴史年表』『合戦の日本史年表』（朝日新聞出版）、『怖い仏像』（Gakken）などを手がける。

◎主な図版資料

『和字絵入往生要集』（江戸時代）

『六道絵』（聖衆来迎寺）

『大地獄図』（長岳寺）

『地獄極楽図』（縁心寺）

『地獄草紙』（奈良国立博物館）

『餓鬼草紙』（東京国立博物館）

『十王図』（奈良国立博物館）

『熊野観心十界曼荼羅〈地獄草紙図〉』（蓮蔵寺）

『立山曼荼羅』（来迎寺）

『當麻曼荼羅』（當麻寺）

『山越阿弥陀図』（禅林寺）

◎主な参考文献

『源信』日本思想大系　石田瑞磨著（岩波書店）

『源信　往生要集』花山勝友著（徳間書店）

『現代語・地獄めぐり　正法念処経の小地獄128案内』山本健治著（三五館）

『【絵入り】往生要集』大角修著（地人館E-books）

『浄土三部経と地獄・極楽の事典』大角修著（春秋社）

『まんだら絵解き図鑑』大角修著（双葉社）

『日本人の死生観』五来重著（講談社）

『小松和彦の「異界と呪いと神隠し」「神隠しと日本人」「呪いと日本人」「異界と日本人」』
小松和彦著（KADOKAWA）

『日本人の死生観: 蛇 転生する祖先神』吉野裕子著（河出書房新社）

『餓鬼草紙・地獄草紙・病草紙・九相詩絵巻』小松茂美著（中央公論社）

地獄の解剖図鑑

2024年 9 月27日　初版第一刷発行
2024年12月26日　　　第三刷発行

著者　大角 修（地人館）
発行者　三輪浩之
発行所　株式会社エクスナレッジ
〒106-0032
東京都港区六本木7-2-26
https://www.xknowledge.co.jp/

問合せ先　編集　Tel：03-3403-1381
Fax：03-3403-1345
info@xknowledge.co.jp
販売　Tel：03-3403-1321
Fax：03-3403-1829